U. Bäumer

WIR WOLLEN NUR DEINE SEELE

CLV
Christliche
Literatur-Verbreitung e. V.
Postfach 1803 · 4800 Bielefeld 1

Verlag und Schriftenmission der
Evangelischen Gesellschaft
für Deutschland
Wuppertal

1. Auflage 1984
2. Auflage 1985
3. Auflage 1985
4. Auflage 1986
5. Auflage 1987
ISBN 3-87857-192-5 (EGFD)

Postfach 1803 · 4800 Bielefeld 1
Satz: Typoservice, Bielefeld
Druck: Druckhaus Gummersbach Arntz & Co. GmbH

Inhalt

„Musik und Magie waren in allen Kulturen von jeher enge Nachbarn. Musik, die ja nicht primär den Verstand, sondern vor allem emotionale Sphären im Menschen anspricht, die bis ins Unterbewußtsein reichen, scheint eines jener Schlüssellöcher zu sein, durch die man Bruchstücke einer anderen Wirklichkeit, auch in sich selbst, erspähen kann. Elektronischen Komponisten wie Karlheinz Stockhausen sind diese Zusammenhänge längst bewußt. Besonders aber in der Rockmusik wird im westlichen Kulturkreis Magie erlebt und gemacht."

(„Rockmusik und Magie", Rock Session 1)

„Die Benutzung von Ouija-Brettern, von Zauber und Drogen, die Beschwörung okkultischer Kräfte ist nicht erst seit heute ein Bestandteil künstlerischer Tätigkeit. Aberglauben und Beschwörungsformeln gehören zur Welt der Kunst seit jeher dazu. In allen Bereichen künstlerischer Tätigkeit findet man die Spuren, und auch der Rock'n'Roll blieb davon nicht frei. Vielleicht sogar ist der Rock'n'Roll besonders für Einflüsse dieser Art geeignet . . ."

(„Rock & Schwarze Magie", Spotlight 10/1978)

"Einige Rock'n'Roll-Gruppen stehen im Kreis zusammen und trinken Schalen voll Blut. Einige fallen auf ihre Knie und beten den Teufel an."

(der frühere Rockstar Little Richard im Sommer 1980)

Vorwort zur 4. Auflage

Als vor zwei Jahren die erste Auflage von „Wir wollen nur deine Seele“ erschien, war kaum zu ahnen, auf welch breites Interesse das Buch mit seiner heiklen Thematik stoßen würde. Es gab eine Fülle von Leserbriefen, Gesprächen, Anfragen und Diskussionen. Bestimmte Fragen tauchten mit Regelmäßigkeit immer wieder auf. Unter anderem jene, ob dieses Buch wohl als eine Art Rundumschlag gegen die Rockmusik im allgemeinen oder wenigstens generell gegen die Stilrichtung des Hardrock zu verstehen sei.

Zur Klarstellung: „Wir wollen nur deine Seele“ versucht, bestimmte Verbindungen aufzuzeigen, die zwischen verschiedenen Rockinterpreten und dem geheimnisvollen Gebiet des Okkultismus bestehen. Neben Filmregisseuren, Buchautoren und Künstlern gibt es auch Musiker, die schwarze Magie, Spiritismus und satanische Kulthandlungen praktizieren und ihre „Botschaft“ unter die Leute bringen wollen. Nicht selten verbindet sich mit dem okkulten Deckmantel ein weiteres Motiv: skrupellose Geschäftemacherei. Dies gilt offensichtlich in ganz eklatanter Weise für die schlimmen Auswüchse in der Hardrock- bzw. Heavy-Metal-Szene, die seit einigen Jahren zu den bedenklichsten und besorgniserregensten Entwicklungen innerhalb der Rockszene zählen.

Der Verfasser hat bei seinen Recherchen interessante Hintergrundinformationen über populäre Rockgruppen zusammengestellt. Mysteriöse, größtenteils wenig bekannte Hintergründe diverser Rockinterpreten werden anhand zahlreicher Daten und Fakten beleuchtet und schockierende Zusammenhänge aufgedeckt.

Der Verfasser nimmt dabei kritisch Stellung, gibt wichtige und zugleich auch provokative Denkanstöße und zeigt dem Leser anhand der Bibel mögliche Konsequenzen auf.

Die Geburt des Okkultrock

Man schreibt das Jahr 1969. Drei Jahre nachdem das „Zeitalter der Teufelsanbetung“ mit der Gründung der Ersten Satanskirche in San Francisco eingeläutet worden ist, treten Okkultismus und Satanskult auch in der Rockszene frech an die Öffentlichkeit. Den Anfang machte die englische Formation *„Black Sabbath“* (Schwarzer Sabbat). Der Name hält, was er verspricht: Mit ihrer neuartigen Bühnenshow, bei der harte Rockmusik durch Schwarze Messen, Teufelsbeschwörungen und Hexenkult illustriert wird, entwickelt sich die Gruppe zum Prototyp und zur Inkarnation des „Okkultrock“, jener besonderen Sparte der Rockmusik, bei der okkulte Elemente (Magie, Spiritismus, Satanismus usw.) in Liedtexten und in der Bühnenshow im Vordergrund stehen. Diese Kombination von Hardrock mit Okkultem und Satanischem sollte Schule machen: *„Black Sabbath“* wurde zum Vorkämpfer für jene Bands aus der jüngeren Heavy-Metal-Szene, die in den letzten Jahren ihr Publikum das Fürchten gelehrt haben.

Das Rock-Lexikon berichtet:

„*Black Sabbath* verschwor sich 1969 in Birmingham zum totalen Rock und taufte sich nach einem Horrorfilm mit Boris Karloff. Ein Jahr später war das Quartett mit dem in zehn Minuten arrangierten Debilen-Trip ‚Paranoid‘ auf beiden Seiten des Atlantik eine

Hitband. Ozzy Osbourne (voc), Tony Iommi (g), Geezer Butler (bg) und Bill Ward (dr) ergingen sich zunächst in okkulten Bühnen-Ritualen und prahlten von ihren gewalttätigen Kinderspielen in den Arbeitervierteln Birminghams, bis sie sich als romantische Rock-Outlaws volkstümlich gemacht hatten. Ihr Erfolg beim minderjährigen Publikum stand im umgekehrten Verhältnis zur Wertschätzung der Kritiker. Der zähflüssige Lava-Sound mit einer enervierend jammernden Solostimme transportierte Society-Schock-Texte vom Kaliber *,Nimm dir ein Leben, es wird billig; töte jemand, niemand wird weinen. Die Freiheit ist dein, tu nur deine Pflicht, wir wollen bloß deine Seele'* (Cornucopia).

Diese begeisterten die Jugendlichen Amerikas so sehr, daß die Band dort pausenlos auf Tournee war und ständig Goldalben kassierte. Erst nachdem einige Spieler bei Konzerten vor Erschöpfung zusammengebrochen waren, gab die Band ihre hektischen US-Reisen auf. Osbourne begründete es anders: *,Amerika ist das satanischste Land der Welt. Für Dollars machen die Yankees alles. Die Leute (mit ihrer Rauschmittelgier) sind fast wie lebende Alpträume. Ich wundere mich, daß die Hälfte von ihnen nicht mit einem Sarg ins Konzert kommt.'"*[1]

Black Sabbaths erstes Album wird von dem Rockmusik-Experten Tibor Kneif mit folgenden Worten kommentiert:

„Im selben Jahr wie *Deep Purples* ,In Rock' erschien das Debutalbum von *Black Sabbath*, ebenfalls aus England. Von ihm aus wurde im Hardrock eine Nebenlinie eingeschlagen, die man angesichts ihrer von Hitchcock inspirierten Mittel ‚Gruselrock' nennen könnte: Der Aspekt der Gewalt wird hier als Angst vor dem Unheimlichen sublimiert. Die Titelkomposition des genannten Albums wird von Glockengeläut und von jener unheilverkündenden, verminderten Quinte, dem sogenannten Tritonus, untermalt, die in älteren russischen Programmkompositionen selten ihre beklemmende Wirkung verfehlt. Wie in den besseren Dracula-Filmen eigentlich das bloße Schattenspiel den Horror hervorruft, deutet auch hier der Text das Entsetzen der vorangegangenen Nacht nur atmosphärisch an, statt es zu benennen. Die Nähe zur schwarzen Magie bekundet sich auf der inneren Covergestaltung des Albums von 1970 durch ein *geheimnisvolles, auf den Kopf gestelltes Kreuz*. Das Außenbild zeigt ein verfallenes Haus, abgestorbenes Geäst und, unwirklich davorstehend, eine blasse Tochter Draculas."[2]

Anton LaVey, ein Anbeter des Teufels und Gründer der ersten offiziellen Satanskirche in den USA („First Church of Satan"), erklärte im Nov. 1968: „Die Masse, die dem Bösen anhängt, verkehrt das Vaterunser, vermischt es mit Obszönitäten und tritt das Kreuz Christi mit Füßen oder hängt es auf den Kopf gestellt auf."

Kostprobe aus der Titelkomposition „Black Sabbath":

„Was ist das?! Es steht vor mir. Eine Gestalt in schwarz, die auf mich zeigt! Dreh schnell um und lauf los!

Finde nun den Auserwählten heraus!

Die schwarze Gestalt mit Augen aus Feuer zeigt den Leuten ihr Verlangen.

Ich sehe die Flammen wie sie höher und höher schlagen! Oh, nein, nein, nein, nein!! Bitte, Gott hilf mir!!!"

In dem Song „NIB" wirbt Luzifer (Satan) um die Seele des Hörers:

„Manche Leute sagen, daß meine Liebe nicht echt sein kann. Bitte glaube mir, mein Liebling, und ich werde es dir zeigen. Oh liebe mich jetzt: und du wirst nicht bedauern, mit dem Leben zu brechen, das du vor unserer Zusammenkunft lebtest. . . . Mein Name ist Luzifer – bitte nimm meine Hand!"

Black Sabbaths erste LP bewirkte Wellen der Entrüstung, der Ablehnung aber auch Zustimmung; und so ganz nebenbei sorgte es für einen Boom auf dem Büchermarkt. Bücher, die von Schwarzem Zauber, Hexenkult und Geisterbeschwörung handelten, fanden plötzlich reißenden Absatz.[3]

Auf der Plattenhülle der LP „Reflection - *Black Sabbath*" wird geprahlt:

„Gleich auf der ersten LP beschworen sie Satan, der dann allerdings tatsächlich kam. Er versprach ihnen Erfolge in aller Welt. Wenn sie nur in jedem Jahr beim großen Sabbat aufspielen würden. Beide Teile haben bis heute ihr Wort gehalten. Sechs erfolgreiche Longplayer, gewaltige Konzerte vor den Fans aller Welten. Dort spielten sie ihren höllisch heißen Hardrock, geradezu ideal temperierte Musik für Höllenfeste. Für die schwarzen Sabbate, die blutigen.

Und du, armer Narr, der du diese LP in Händen hältst, wisse denn, daß du mit ihr deine Seele verkauft hast, denn sie wird schnell in diesem höllischen Rhythmus, in der teuflischen Kraft dieser Musik, gefangen sein. Und dieser musikalische Tarantelbiß wird dich tanzen lassen, ohne Ende, ohne Pause.“

Für Fans gibt es sogar Aufkleber, die frei und offen verkünden: „I’m possessed by Black Sabbath“ („Ich bin von Black Sabbath besessen“)!

Hochgradige Dämonie tritt uns auf dem Cover der LP „Sabbath Bloody Sabbath“ entgegen, auf dem ein abscheuliches Satansritual abgebildet ist. Darauf erscheint auch die berühmt-berüchtigte Zahl 666, die Zahl des „Antichristen“ (Offb. 13,18), die bei Teufelsanbetern eine große Rolle spielt. Die Zahl 666, die zusammen mit einem Totenkopf und gekreuzten Knochen auch auf manchen T-Shirts des Fanclubs erscheint, kann man als ein offenes Bekenntnis zum Satanismus werten.

Black Sabbath - Schlagzeuger Bill Ward sagte einmal offen, daß er fühle, „Satan könne Gott sein“.[4]

Sein Bandkollege Ozzy Osbourne behauptet, daß er gezwungen wurde, den okkulten Horrorfilm „Der Exorzist“ 26mal (!) zu sehen.[5] Er sagt über sich: *„Ich weiß nicht, ob ich das Medium einer äußeren Macht bin. Was immer es ist, hoffe ich freilich, daß es nicht das ist, was ich denke – Satan.“*[6]

Unglaublich, aber wahr

Nach diesen Auskünften der Musiker verwundert es nicht, daß sie in einigen ihrer Songs Satan persönlich zu Wort kommen lassen: *„Herr dieser Welt“ („Lord of this World“)*[7]

„Du erforschest deinen Geist und weißt nicht, wo du beginnen sollst. Du kannst den passenden Schlüssel zu deinem Herzen nicht finden. Du denkst, du weißt es, aber du bist dir nie ganz sicher. Deine Seele ist krank, aber du wirst kein Heilmittel finden.

Deine Welt wurde für dich von jemandem im Himmel geschaffen, aber du wählst böse Wege – anstatt der Liebe. Wo immer du lebst, machst du mich zum Herrn dieser Welt. Deine Seele, die ich dir nahm, wurde nicht mal vermißt.

Herr dieser Welt – übler Besitzer!
Herr dieser Welt – er ist jetzt dein Beichtvater!

Du meinst, du bist unschuldig und habest nichts zu befürchten. Du sagst, du kennst mich nicht – aber ist das nicht klar? Du wendest dich zu mir – mit all deiner weltlichen Gier und Hochmut. Aber wirst du dich mir auch zuwenden, wenn du sterben wirst?“

Dieser Song stammt von der LP „Master of Reality“ (1971). *Black Sabbath* bringen auf derselben Platte das folgende Verwandlungskunststück zustande, das – unglaublich, aber wahr – sehr christlich klingt:

„After Forever“[7]

„Hast du jemals über deine Seele nachgedacht – kann sie wohl gerettet werden? Oder vielleicht aber denkst du, daß du einfach nur im Grab bleibst, wenn du gestorben bist.

Ist Gott nur ein Gedanke inmitten deines Kopfes, oder ist er ein Teil deiner selbst? Ist Christus nur ein Name, den du mal in einem Buch gelesen hast, als du in der

Schule warst? . . .

Nun, ich habe die Wahrheit gesehen. Ja, ich habe das Licht erschaut, und ich habe meine Wege geändert. Und ich werde am Ende unserer Tage vorbereitet sein, wenn du einsam und ängstlich bist.

Ist es möglich, daß du Angst vor dem hast, was deine Freunde sagen könnten – wenn sie wüßten, daß du an Gott glaubst? Bevor sie kritisieren, sollten sie erkennen, daß Gott der einzige Weg zur Liebe ist . . .

Ich denke, es ist wahr, daß es Leute so wie du waren, die Christus kreuzigten. Ich glaube, es ist traurig, daß deine Meinung die einstimmige Meinung war. Wirst du deiner Sache sicher sein, wenn dein Tod nahe ist und sagen, du glaubst nicht? Du hattest die Möglichkeit, aber du hast abgelehnt – nun kannst du es nicht wiedergutmachen.

Vielleicht wirst du mal endlich nachdenken, bevor du sagst, Gott sei tot und vergessen. Öffne deine Augen und erkenne einfach, daß er der einzige ist, der dich jetzt von all deiner Sünde und deinem Haß erretten kann. Oder wirst du noch immer über all das höhnen, was du jetzt hörst? – Ja! – Ich denke, daß es zu spät für dich ist.“

Ich hoffe, daß dieser kurze Abriß deutlich macht, wie auch gläubige Christen mit teuflischer List in die Irre geführt werden können. Ein „frommer“ Text (wie „After Forever“) liefert noch längst keinen zuverlässigen Aufschluß über den geistigen Hintergrund des Interpreten! Bereits der Apostel Paulus wies schon darauf hin, daß der Satan sich oft sehr geschickt zu tarnen und die Menschen zu betrügen weiß, damit sie ihm auf den Leim gehen.[8]

Mit Sicherheit wird der eine oder andere auf die Metallkreuze verweisen, die von den Gruppenmitgliedern getragen werden. Ein Ausdruck ihrer christlichen Gesinnung? Niemals! Im Wissen um die Gefahren von seiten der Dämonen beschützen sich bestimmte Okkultisten (die „Weißen Magier") mit einem Metallkreuz. Ihrer Aussage nach sollen die bösen Mächte hiervor Angst haben. Die vier „Höllenrocker" scheuen sich aber nicht, ihre Kreuze zuweilen auch auf den Kopf gestellt aufzuhängen . . .[9]

Bob Larson, der in den USA als christlicher Experte auf dem Gebiet der Rockmusik gilt, zeigte sich äußerst beunruhigt über die Zahl an *Black Sabbath*-Alben, die er bei christlichen Jugendlichen vorfand:

„Ich war schockiert, eine beunruhigende Zahl sich zu Christus bekennender junger Leute zu finden, die *Black Sabbath*-Alben kaufen und sich anhören, obwohl sie um die satanischen Neigungen dieser Gruppe wissen. Einige haben versucht, *Black Sabbath* zu verteidigen, indem sie einen ihrer Songs mit dem Titel ‚After Forever' erwähnen. . . "[10]

Himmel und Hölle

Nach *Black Sabbaths* achter LP „Never Say Die" (1978) kam es zum Eklat, als sich Leadsänger Ozzy Osbourne von seinen Kollegen trennte, um eine Solokarriere zu starten. Osbourne, der der Trunksucht verfallen war, kommentierte rückblickend seinen Weggang von *Black Sabbath* lapidar:

„Eigentlich dürfte ich gar nicht mehr hier sein, sondern müßte in der Kiste liegen. Es war fünf vor zwölf. Wäre ich bei *Black Sabbath* geblieben, hätte es bald einen Keith Moon Nr. 2 gegeben. Saufen war mein Hobby . . ."[11]

„Ohne Sänger sind *Black Sabbath* soviel wert wie ein Fernseher ohne Bildröhre" lautete der Kommentar eines Rockmagazins. Mit dem Ex-*Rainbow*-Sänger Ronnie James Dio, der bereits zu *Rainbow*-Zeiten einen unübersehbaren Hang zum Okkulten gezeigt hatte, fand die Gruppe schließlich jedoch einen vollwertigen Ersatz.

1980 erschien die LP „Heaven and Hell" („Himmel und Hölle").Auf dem schwarzen Cover dieser Platte sind drei Engel mit Heiligenschein abgebildet, allerdings mit rotem Nagellack, Karten spielend und Zigaretten rauchend! Also wohl eher Höllenengel und mehr „hell" als „heaven"!

Ende 1981 folgte „Mob Rules", deren Titelkomposition den Lead-Song für die Filmmusik des okkultphantastischen Streifens „Heavy Metal" lieferte. Mit „Live Evil" (evil = böse) wurde eine Live-Doppel-LP überschrieben, deren Namensgebung die auf eine Kurzformel reduzierte Selbsteinschätzung der Band widerspiegelt – und das, was Zigtausende von Fans schon immer mit dem Namen „*Black Sabbath*" assoziiert haben.

Bei einem Live-Konzert zeigte Ronnie James Dio einen satanischen Gruß, bei dem der Zeigefinger und der kleine Finger ausgestreckt werden (damit werden zwei Hörner symbolisiert). Dabei schrie der Sänger die Menge gellend an, und als Antwort grüßten viele mit dem gleichen satanischen Salut zurück. Dio schaute dann auf das Zeichen, das er mit der Hand machte und sagte: „Viele Leute glauben zu wissen, welche Bedeutung dieses Zeichen hat, wir aber wissen, was es wirklich bedeutet. Es bedeutet: ‚Long live Rock'n Roll'."[12]

Cover von Ronnie James Dios Solo-LP „Holy Diver" (1983). In einer gespenstischen Szene wird der Teufel gezeigt, der den Plattenkäufer mit einem satanischen Salut grüßt. Soeben hat er einen mit Ketten gefesselten Mann, der unschwer als Geistlicher zu identifizieren ist, in die tobende See geworfen.

Als spektakulär erwies sich der Einstieg des berühmten Ex-*Deep Purple*-Frontman Ian Gillan, der den Job des im März '83 ausgestiegenen Ronnie James Dio im Handstreich übernommen hatte.

„Sie fetzen wie vom Teufel besessen", beschreibt ein Jugendmagazin das Auftreten der neuen Formation und fährt fort: „Auf dem Cover grinst teuflisch grünäugig die Fratze eines neugeborenen Höllenbabys. Hörner auf der nackten Stirn, Vampirzähne, die aus den Mundwinkeln blitzen, und überlange, spitze, gelbe Fingernägel. ‚Born again' (Wiedergeboren), wie es der Titel der brandneuen *Black-Sabbath*-LP verspricht, zeigten sich die Dinosaurier des Hardrock im September auf der langerwarteten Deutschland-Tournee.

Und tatsächlich, die ‚Teufelsanbeter des Rock', wie sich *Black Sabbath* selbst gern bezeichnen, ziehen immer noch Tausende von treuen Fans in die Hallen, in denen sie in Höllenlautstärke ihre schwarze Rock-Messe zelebrieren . . . Dick quillt grünlich-weißer Nebel über die Bühne, als die Band zum Einstiegs-Song ‚Born again' die ersten Hammer-Salven in die Menge bläst. Auf der Hintergrund-Leinwand schimmern die Umrisse der englischen Opferstätte ‚Stonehenge' . . . und ganz vorn, knietief im Nebel, schüttelt Ian Gillan wie vom Teufel besessen seine braunen Zotteln und röhrt ‚Paranoid' oder ‚Iron Man' in die tobende Masse, die wie verhext zur schwarzen Messe tanzt und ständig nach mehr schreit."[13]

Ein Fan merkte an: „Bei ihrer Musik kann man sogar ohne Drogen ‚high' werden."

Luzifers Liebling

Ozzy Osbourne („Luzifers Liebling", wie ihn eine Musikzeitschrift nannte) ging ebenfalls mit ganzer Hingabe daran, sein okkultes Image aufzupolieren, was ihm auch gelang und einen Gold- und Platinregen für etliche Millionen verkaufter Platten einbrachte.

Innencover von Ozzy Osbourne's Live-LP „Speak of the Devil" (1982), wo er sich auf allerscheußlichste Weise als blutsaugender Vampir zeigt. Auf „Bark

at the Moon" (1984) weiß er sich gar in einen Werwolf zu verwandeln. Die mit geheimnisvollen Schriftzeichen versehene LP „Diary of a Madman" (1981) zeigt „Luzifers Liebling", wie er unter einem auf den Kopf gestellten Kreuz gestikuliert.

Als Teil seiner abscheulichen Live-Show pflegte Osbourne Vögeln die Köpfe abzubeißen – bis er einmal den Kopf einer toten Fledermaus abbiß, die ihm jemand auf die Bühne geworfen hatte, und er sich daraufhin einer schmerzhaften Serie von Tollwut-Spritzen unterziehen mußte.[14]

Osbournes Debut-Album „Blizzard of Ozz" (1981) wurde von einer Jugendzeitschrift mit folgenden Worten bedacht:

„Ozzy Osbourne, wie immer symbolgeladen, meldet sich nach seinem Ausstieg bei *Black Sabbath* mit der LP ‚Blizzard of Ozz' wieder. Auf der Plattenhülle liegt Ozzy eingehüllt in ein rotes Priestergewand inmitten einer Landschaft aus Nebel, Totenköpfen, schwarzer Katze, ein großes Kreuz zum Angriff erhoben . . . Und so ist es nicht verwunderlich, wenn Ozzy sich in einem Lied an den brutalsten Teufelsanbeter und Okkultisten der Neuzeit wendet, zu dessen Anhängern auch Jimmy Page von Led Zeppelin gehört:

‚Mr. Crowley, I wanna know what you meant'."[15]

Indem Ozzy Osbourne Aleister Crowley Tribut zollte, katapultierte er sich in das „Guinness Buch der Rekorde": „Mr. Crowley" ist die meistverkaufte Picturedisc (Schallplatte mit eingearbeitetem Bild), die jemals gepreßt wurde![16]

Sympathy for the Devil (Sympathie für den Teufel)

The Great Beast 666

Der berüchtigte Magier *Aleister Crowley* (1875-1947) gilt als der größte Satanist des 20. Jahrhunderts. Im Jahre 1896 will er in Stockholm eine Vision gehabt haben, die ihm die Gewißheit verschafft haben soll, daß er der Antichrist sei. So nannte er sich fortan "The Great Beast 666", das „Tier aus dem Abgrund" (Offb. 11,7) und glaubte, von okkulten Mächten mit übermenschlichem Wissen und Fähigkeiten als ihr Kommunikationskanal zur Menschheit benutzt zu werden.

Crowley interpretierte seine Mission dahingehend, „*okkulte Kräfte in Bewegung zu setzen, die gegen Ende dieses Jahrhunderts in der Erleuchtung aller gipfeln*". Er sah sich selbst als Prophet, der ein neues Zeitalter einleiten und die Reste eines überalterten und nicht mehr lebensfähigen Christentums hinwegfegen würde. Sehr aufschlußreich sind Crowleys eigene Worte: „*Satan ist nicht der Feind des Menschen: Er ist . . .Leben . . .Liebe . . .Licht*" und „*Der Weg zum Himmel führt durch die Hölle!*" Das Ziel Crowleys war, daß sich der Mensch die Kräfte der Dämonenwelt aneignen solle, um dadurch zum Herrn der Welt zu werden.

Neben dem Praktizieren von Schwarzer Magie und Satanismus sowie intensiver Beschäftigung mit Drogen, spielten sexuelle Eroberungen innerhalb Crowleys Laufbahn eine wesentliche Rolle. Er wurde von seinen Bekannten und Freunden als unersättlich geschildert, und er hatte sein ganzes Leben lang unzählige Beziehungen sowohl zu Männern als auch zu Frauen, obwohl es ihm andererseits, wie es heißt, gänzlich an menschlicher Zuneigung fehlte. In Anlehnung an den indischen Tantra-Kult propagierte er die Theorie, daß sexuelle Verirrungen Akte sexueller Magie seien. Mit zunehmendem Alter wurde Crowley mehr und mehr satanisch und begann, an körperlichem Sadismus Geschmack zu finden. Zu seinen zahlreichen Perversitäten gehörte es unter anderem auch, seinen Darm auf Teppichen zu entleeren. Dabei behauptete er, seine Exkremente seien heilig.

Aleister Crowley schrieb eine Unzahl von Gedichten, Essays und Schilderungen seiner okkultistischen Philosophie und Erfahrungen. Ein Großteil davon war pornographischer Natur. Als sein Hauptwerk gilt „The Book of the Law", das er im April 1904 von seinem Leitgeist, dem Dämonen Aiwass, in Kairo diktiert bekam, eine Antibibel, in der Crowley seine satanistische Lehre formulierte und seinen Kernsatz prägte: *„Do what thou wilt shall be the whole of the law"* – „Tue was du willst, das ist das ganze Gesetz!"

Unter diesem Gebot und nach dem Vorbild Crowleys entfaltete sich eine Dunkelwelt geheimer Riten und verschwiegener Okkultlogen, in der Schwarze Magie, Teufelsanbetung und seltsame Opferhandlungen bis hin zu Menschenopferungen praktiziert werden.

Aleister Crowley war von der Sucht nach dem Bösen und nach Ausschweifungen durchdrungen. Er war ein

Bazillenträger des Bösen; mit seinen schwarzmagischen Visionen und Praktiken hat er eine unübersehbar große Anzahl von Menschen infiziert und sie dadurch in den Bann des Bösen gezogen. Seine Bücher erzielen noch heute fünfstellige Verkaufszahlen.

Der Journalist Horst Knaut hält in seinem Buch „Das Testament des Bösen" fest:

„Was Aleister Crowley in seinem Leben erdacht, gelehrt, publiziert und praktiziert hat, ist für viele okkulte Gruppen heute richtungsweisend geworden. Sie fanden durch Crowley einen neuen Lebensweg, eine neue Geisteshaltung, eine neue Religion. Das große Aufblühen und die neuen Auswüchse seiner Lehren nach dem zweiten Weltkrieg – in Europa und besonders in den USA – hat Crowley nicht mehr erlebt. Nach einem abenteuerlichen Leben starb er, rauschgiftsüchtig, geistig umnachtet und vereinsamt, 1947 in seiner englischen Heimat."[1]

Led Zeppelin

Als die derzeit wohl prominentesten Anhänger und Fortführer der Lehren Crowleys gelten Jimmy Page, Bandleader der bekannten, inzwischen aufgelösten Rockgruppe *Led Zeppelin*, und der Filmemacher *Kenneth Anger,* der einst auch die *Rolling Stones* in die Geisterwelt Crowleys einführte.

Wenn Jimmy Page nach Tourneen oder Plattenaufnahmen neue Kraft schöpfen möchte, zieht er sich in sein Haus ‚Boleskine' am Ufer des Loch Ness zurück.

Früher war das Spukhaus im Besitz von Aleister Crowley, der dort okkulte Einweihungsrituale in seinen Geheimkult zelebrierte.

Page betreibt neben der Musik auch einen okkulten Buchladen. Der Gitarrist, der auch Zenmeister ist, erklärte dazu: „Es gab keine gute Sammlung okkulter Literatur in London, und ich war es leid, zu all den verschiedenen Stellen gehen zu müssen, um die Bücher zu bekommen, die ich wollte.“[2]

Zu den bekanntesten und erfolgreichsten Liedern *Led Zeppelins* gehört „Stairway to Heaven“, das einen gleichnamigen Kult aus der ägyptischen Mythologie beschreibt. Der Text dieses Songs enthält in verschlüsselter Form aber auch ein satanisches Glaubensbekenntnis! Wenn man „Stairway to Heaven“ rückwärts abspielt (was mit gewöhnlichen Plattenspielern nicht möglich ist), sind folgende Satzfetzen zu vernehmen:

„Listen! We have been there . . .I will sing, because I live with Satan . . . Serve me! . . . There is no escaping it . . .with Satan . . .if we've got to live for Satan . . . Master Satan . . .“

„Hört! Wir sind dort gewesen . . .Ich werde singen, weil ich mit Satan lebe . . .Diene mir! . . .Es gibt dort kein Entrinnen . . .mit Satan . . .wenn wir mit Satan leben müssen . . .Herr und Gebieter Satan . . .“

Das Rückwärtseinspielen von Plattenaufnahmen, wodurch geheime Botschaften übermittelt werden können (*„backward masking“*), ist inzwischen berüchtigt geworden. Mit hoher Wahrscheinlichkeit geht diese Methode auf Aleister Crowley zurück, zu dessen okkulten Lehren gehörte, daß ein Mensch, der sich wirklich mit dem Satanismus beschäftigen will, in der Lage sein muß, diese umgedrehte Sprache „zu sprechen, zu lesen, zu schreiben, zu denken und zu verstehen“.[3]

Hier nur noch ein weiteres schockierendes Beispiel für „backward masking“: In dem Song „When Electricity Came to Arkansas“ der Gruppe *Black Oak Arkansas* gibt der Sänger an einer Stelle seltsame Laute von sich. Rückwärts abgespielt, wird daraus: „Satan, Satan, Satan. He is God, he is God, he is God“.[4]

„Der entscheidende Faktor für jede erfolgreiche Rockband ist Energie: die Fähigkeit, Energie auszusenden, Energie vom Publikum zu empfangen und sie wieder zurückzugeben.
Ein Rockkonzert ist in Wirklichkeit nichts anderes als ein Ritual, bei dem psychische Kraft freigesetzt und umgesetzt wird. Konzerte von Led Zeppelin beruhen im wesentlichen auf Lautstärke, Wiederholung und Rhythmus.
Sie haben viel Ähnlichkeit mit der Trance-Musik Marokkos, die in ihrem Ursprung und Zweck magischen Charakters ist.
Jede Kunst-Musik, Malerei oder Literatur ist ursprünglich Beschwörung und Magie, die dazu benutzt wird, bestimmte Ziele zu erreichen.
Im Led Zeppelin-Konzert ist das Ziel Energie bei den Spielern und beim Publikum. Um das zu erlangen, muß man die Quellen magischer Kraft anzapfen, so gefährlich das auch sein mag.“[5]

Jimmy Page, Leadgitarrist von *Led Zeppelin*

Rolling Stones

Die *Rolling Stones* haben sich zumindest zeitweise auf einen Flirt mit dem Satanskult eingelassen. Bereits 1967 waren sie mit dem LP-Titel „Their Satanic Majesties Request" den „Wünschen ihrer satanischen Majestäten" nachgekommen. Wie *Stones*-Sänger Mick Jagger später bekannte, hat kein anderer als Anton LaVey, Hoherpriester der Satanskirche in San Francisco, die Gruppe bei dieser Platte inspiriert.[6] Wenig später entstand der berüchtigte Song „Sympathy for the Devil" („Sympathie für den Teufel"), der zu einer Hymne für Amerikas Satansanbeter werden sollte.

Tony Sanchez, ein Freund der Stones, wußte über einen Live-Auftritt der Stones zu berichten: „Beim Höhepunkt von ‚Sympathy for the Devil' riß Jagger sein knallrotes T-Shirt vom Leib und enthüllte eine riesige, häßliche Tätowierung, die einen Teufel darstellte. Ich begann, mich zu fragen, ob er sich vielleicht intensiver mit schwarzer Magie beschäftigte, als wir ahnten."[7]

Gegenüber der Zeitschrift „Rolling Stone" betonte Gitarrist Keith Richard: *„Schwarze Magie ist etwas, das jeder erforschen sollte.* Da liegen große Möglichkeiten drin. Viele Leute haben damit gespielt, jeder hat etwas davon in sich. Warum gibt es Voodoo-Kulte? Alle diese Dinge werden als Aberglaube und als Altweibergeschichten abgetan. Ich bin kein Experte, das würde ich nie behaupten. Ich *versuche nur, die Sachen ein bißchen an die Öffentlichkeit zu bringen* . . . Es gibt Magier, die denken, wir seien heimliche Agenten Luzifers, und andere, die denken, wir sind Luzifer persönlich."[8]

Der Titel des *Stones*-Albums „Get Yer Ya-Ya's Out" (1970) geht auf einen Satz zurück, der bei gewissen Voodoo-Kulten (Schwarze Magie der Afrikaner) häufig vorkommt. Teile der LP „Goat's Head Soup" (1973) wurden sogar „live" bei einem Voodoo-Ritual aufgenommen. In einem der Lieder kann man sogar die Schreie eines dämonisch Besessenen hören.[9] Das Innere der Plattenhülle zeigt einen abgetrennten Ziegenkopf, der in einem kochenden Kessel schwimmt. Der Ziegenkopf ist ein klassisches Symbol des Satanismus (Symbol für Luzifer).

Nach diesen Einblicken verwundert es nicht, daß Keith Richard beobachtete, daß die Lieder der *Stones* oft ganz spontan entstehen, ähnlich einer Inspiration bei einer spiritistischen Sitzung. Er erklärte, daß die Lieder in großer Zahl aus den Songschreibern herauskommen, wenn sie nur ein williges und offenes Medium sind.[10]

Spiel mit dem Feuer

Eine besondere Beachtung hat die Verbindung zwischen den Rolling Stones und dem Crowley-Schüler *Kenneth Anger* verdient. Anger, der sich selbst „Magier des Kinos" nennt, hat Crowleys Aussagen über Magie, Sexualität und Gewalt in seinem Filmwerk optisch umgesetzt. Sein Lebenswerk ist der Film „*Lucifer Rising*", eine definitive Leinwandversion der Satanismusvorstellungen Aleister Crowleys.

Für die Hauptrolle von „Lucifer Rising" („Luzifers Aufstand"), den Darsteller des Luzifer, ersah sich Kenneth Anger den Stones-Sänger Mick Jagger. Sein

Vorgänger in dieser Rolle, der Gitarrist Bobby Beausoleil, war aus unerklärlichen Gründen Amok gelaufen und hatte einen bestialischen Mord verübt. Mit dem Blut seines Opfers hatte er kryptische Schriftzeichen auf die Wand gemalt.

„Wir hatten alle ein bißchen Angst vor Kenneth", bekannte Tony Sanchez, „Immer wieder geschahen in seiner Umgebung unerklärliche Dinge."[11]

Ungeachtet dieser beklemmenden Gefühle komponierte Mick Jagger für den Film „Invocation of My Demon Brother" („Anrufung meines Dämonen-Bruders"), einem Fragment von „Lucifer Rising", am Synthesizer einen hypnotischen Beiklang und spielte im Film den Luzifer. Ein Filmkritiker zu diesem Streifen: „. . . eine höllische Phantasmagorie, in der Anger Dämonen beschwört, eine Art Schwarze Messe zelebriert und geheimnisvolle visionäre Bilder häuft."[12]

Mick Jagger hätte sicherlich weiterhin sein Talent in die Dienste Angers gestellt, wäre es nicht zu einem folgenschweren und verheerenden Zwischenfall gekommen. Man schrieb den 6. Dezember 1969. Auf dem *Altamont Speedway,* einer verwahrlosten Autorennbahn in der Nähe von San Francisco, wollten die *Stones* als Finale einer USA-Tournee mit anderen Bands zusammen ein Gratis-Rockfestival veranstalten. Altamont mit seinen mehr als 300.000 Besuchern sollte zu einem ungeheuerlichen blutigen Exzeß der Rockergruppe „*Hell's Angels*" („Höllenengel") werden, die vom Stones-Management als Ordner bestellt worden waren, sich jedoch betranken und aufs brutalste das Publikum terrorisierten.

Zur vollkommenen und endgültigen Katastrophe kam

es schließlich, als die *Rolling Stones* abends als Höhepunkt des Festivals auftraten. Bei dem Song „Carol" zogen sich merkwürdigerweise ein paar junge Leute nackt aus und „krochen in Richtung auf die Bühne, als sei sie ein Hochaltar, und sie wollten sich als Opfer für die Stiefel und Stöcke der ‚Angels' darbieten", berichtet Tony Sanchez. „Je brutaler sie verprügelt wurden, um so mehr schienen sie von irgendeiner übernatürlichen Macht dazu gezwungen zu werden, sich diesen Agenten Satans als Menschenopfer anzubieten. Die Gewalttätigkeit überstieg jedes Vorstellungsvermögen. Sie wirkte fast wie ein archaisches Ritual: Die Opfer nahmen Schmerz und Brutalität nicht nur hin, sie verlangten geradezu danach."[13]

Als dann die *Stones* „Sympathy for the Devil" anstimmten, droschen die „Angels" wahllos auf die Zuhörer ein. Das blutige Handgemenge vor der Bühne war nicht mehr zu stoppen, das Konzert geriet nun völlig aus der Kontrolle. Mick Jagger murmelte: *„Immer wenn wir diese Nummer spielen, passiert etwas!"*[14]

„In ‚Sympathy for the Devil' konzentrierte sich all die zerstörerische Wut, die in der Menge kochte", erklärte Sanchez. „Die ‚Hell Angels' rochen Blut, Mord lag in der Luft, Messer blitzten auf. Die Stones hatten immer mit der Gewalt gespielt, *und jetzt wurden sie die Geister, die sie gerufen hatten, nicht mehr los.*"[15]

Als dann der zum Luzifer stilisierte Mick Jagger in dämonischer Pose das Rockstück „Under My Thumb" sang, wurde der 18jährige Schwarze Meredith Hunter unmittelbar vor der Bühne von den „Hell's Angels" kaltblütig erstochen! So endete der Auftritt der Stones in Tod und Gewalt.

Das Mord-Desaster von Altamont hatte drei weitere Todesopfer und eine Unzahl Verletzter gefordert: „Auf dem mit Menschen, Zelten und Fahrzeugen vollgepfropften Festivalgelände wurden mindestens 20 schwere Unfälle registriert. Ein Plymouth fuhr mit hoher Geschwindigkeit in die Menge und tötete zwei Menschen. Ein Junge ertrank im LSD-Rausch in einem Kanal, ein anderer, dessen Füße ins Feuer geraten waren, mußte mit schweren Verbrennungen zur Ambulanz gebracht werden. 19 Ärzte und sechs Psychiater behandelten bis zur Erschöpfung Drogenfälle, Frühgeburten, Verletzungen durch Schlägereien."[16]

Mick Jagger fühlte sich von diesem in Altamont praktizierten Satanismus derart betroffen, daß er die Kontakte zu Kenneth Anger und die Mitwirkung an dessen Film sofort abbrach. „Er hatte zuvor", kommentiert Anger, „die ganze Magie wohl bloß als Spiel verstanden, aber nun wurde es auf eine Art Wirklichkeit, die die Gruppe zerstören konnte. Zwei oder drei Altamonts hätten die Stones nicht überstanden. Er hatte den Film als einen Jux aufgefaßt, und nun war er plötzlich zu sehr involviert, um es noch vergnüglich zu finden."[17]

Während sich die *Rolling Stones* unter dem Eindruck des Altamont-Desasters von Crowleys Magie distanzierten, sich ins weniger riskante Showgeschäft zurückzogen und der Rockszene erhalten blieben, mußte ihr Kollege *Graham Bond* für seine magischen Aktivitäten einen weitaus höheren Preis bezahlen. Der Saxophonist und Keyboard-Spieler Bond, der sich für Aleister Crowleys unehelichen Sohn hielt, bezahlte mit seinem Leben:

„Nach der Aussage seines Managers war Bond von Drogen frei und in optimistischer Stimmung angesichts eines neuen Schallplattenvertrages, als er am 8. Mai 1974 am Londoner Finsbury Park zur Untergrundbahn ging. Der Zug, vor den er fiel, verstümmelte ihn derart, daß er erst zwei Tage später auf Grund seiner Fingerabdrücke identifiziert werden konnte. Das einzige an ihm, das nicht zerstört war, war das magische Silberamulett, das er um den Hals getragen hatte.

Bonds Freundin Diane Stewart erinnerte sich gegenüber dem ‚New Musical Express' nach dem Unfall mit Schauder einer Plattenaufnahme, bei der der Musiker das volle Crowleysche Ritual ‚The Bringing Down of the Light' zelebriert hatte und bei dem die ganze Studiowand plötzlich und ohne erkennbaren Grund in Flammen aufging."[18]

Eine Standortbestimmung

Okkultismus, Magie, Satan und Dämonen – was steckt dahinter? Ist an diesen Dingen überhaupt etwas dran? In unserer „aufgeklärten", am Materialismus ausgerichteten Zeit erscheinen diese Dinge Vielen als unwirklich und der Glaube an deren Existenz als Relikte des „finstersten Mittelalters". Nur ungebildete und abergläubische Leute glauben noch an das Vorhandensein Satans und seiner Dämonen – so wird argumentiert – . . .oder sollte an diesem „Unsinn" nicht doch etwas Wahres dran sein . . .? Daß es tatsächlich Leute gibt, darunter einige prominente Rockmusiker, die fest mit der Existenz und der Macht des Bösen rechnen, dürfte uns inzwischen klar geworden sein.

Bis jetzt haben wir nur einige wenige Beispiele dafür kennengelernt. Wir werden aber noch mehr Rockgruppen und Musiker kennenlernen, die die Präsenz und das Wirken finsterer Mächte nur zu deutlich belegen. Um die schockierenden Fakten, die wir noch beleuchten werden, richtig verstehen und beurteilen zu können, benötigen wir noch einige wichtige Informationen.

Der Glaube an eine Dämonenwelt, die zwar unsichtbar ist, mit der der Mensch aber Kontakt aufnehmen kann und die in das Leben des Menschen eingreift, ist über die ganze Welt verbreitet. Nicht nur die sogenannten „primitiven“ Völker sind mit dem Glauben an das Dämonische und mit der Erfahrung des Unheimlichen durchdrungen, sondern in einem stark zunehmenden Maße auch der westliche Kulturkreis.

„Nicht weniger als 20 Millionen Europäer huldigen in unseren Tagen dem Okkultismus“, behauptet der Journalist Horst Knaut, „mehr als 3 Millionen Bundesbürger sind ihm ergeben, und hinter ihnen stehen nochmals 5 bis 10 Millionen, die mit den Geheimwissenschaften sympathisieren, sich bei ihnen ‚rückversichern‘ wollen.“[1]

Aus den Vereinigten Staaten wird gemeldet, daß die Zahl der Amerikaner auf mindestens 10 Millionen geschätzt wird, die sich mit Hexerei, Satanskult und Schwarzer Magie beschäftigen.

Hexenringe und Satanszirkel schießen wie Pilze aus dem modrigen, spätherbstlichen Boden eines ehemals „christlichen Abendlandes“; die Zahl der aktiv Praktizierenden ist fünfstellig.

Übertroffen werden diese Zahlen von der Anzahl der Spiritisten, die in der Welt auf 70 bis 100 Millionen geschätzt wird. Das große Zentrum ist Brasilien, wo allein 150 spiritistische Zeitungen erscheinen.

Millionen von Menschen, viele von ihnen hochgebildet, sind von der Existenz des Übernatürlichen fest überzeugt. Die Anzahl derer, die von Erfahrungen mit Mächten und Kräften zu berichten wissen, die aus unsichtbaren Dimensionen auf die sichtbare Welt wirken, ist weder zu unterschätzen, noch wegzudiskutieren.

Das Vorhandensein dieser übernatürlichen Dinge wird

uns auch in der Bibel klar und deutlich bezeugt. Für die Schreiber der Bibel ist es eine Tatsache, daß es das Übernatürliche wirklich gibt. Os Guinness schreibt dazu: „Im Rahmen christlichen Denkens besteht der Unterschied zwischen dem Natürlichen und dem Übernatürlichen nicht darin, daß das erstere vielleicht wirklicher ist als das andere; vielmehr ist das erste eine sichtbare, das letztere eine unsichtbare Welt, und beiden kommt ein gleiches Maß an Realität zu."[2]

Unsichtbare Realitäten: Gott

Gott ist der Schöpfer dieses Universums, sowohl der sichtbaren als auch der unsichtbaren Welt. Er selbst ist für den Menschen unsichtbar, weil letzterer im Gegensatz zu Gott an die sichtbare Welt gebunden ist. Das natürliche menschliche Denken ist vollkommen auf *Raum* (drei Dimensionen: Länge, Breite und Höhe) und *Zeit* (vierte Dimension) fixiert. Wie der Mensch so sind auch die Naturwissenschaften in ihrer Erkenntnismöglichkeit eingeschränkt, sodaß sie nur Aussagen über diesen Bereich „Welt" machen können. Eine Wirklichkeit darüber hinaus ist nicht erforschbar; daher sind auch keine naturwissenschaftlich abgesicherten Aussagen darüber möglich. „Was nicht wissenschaftlich erforschbar ist, das ist auch nicht existent!" – so lautet jedoch der Trugschluß vieler Menschen. Für sie beginnt die Nichtexistenz einer Sache dort, wo die Erkenntnismethoden der Naturwissenschaften in der Erforschung dieser Sache versagen. Ortwin Schweitzer, der sich intensiv mit dieser Problematik beschäftigte, erkannte richtig: „Jeder Erkenntnisgegenstand erfordert eine bestimmte Methode, um erkannt werden zu können. Wird diese Methode nicht verwendet, erscheint entweder kein oder ein falsches Ergebnis. Daraus folgt: Habe ich irgendwo ein Null-Ergebnis, so kann dies entweder daran liegen, daß der Gegenstand nicht vorhanden ist, oder aber daran, daß meine Methode zur Erkenntnis dieses Gegenstandes nicht taugt. Angewandt auf den Erkenntnisgegenstand „Gott" heißt das: Wenn du Gott nicht erkennst, so ist er entweder nicht da, oder aber – und darüber denkt gewöhnlich keiner nach – deine Methode ist bisher falsch gewesen."[3]

Wie können aber die Menschen Gott erkennen? Die Bibel beantwortet diese Frage, indem sie aufzeigt, daß *„das von Gott Erkennbare unter den Menschen sichtbar ist, weil Gott es ihnen offenbart hat"*.[4] Was ist nun von Gott erkennbar oder sogar sichtbar? Auch hier gibt uns die Bibel, Gottes Wort, des Rätsels Lösung: Gottes *„unsichtbares Wesen, sowohl seine ewige Kraft als auch seine Göttlichkeit, wird von Erschaffung der Welt an in dem Gemachten wahrgenommen (oder erkannt, mit dem Verstand ergriffen) und geschaut"*.[5]

Wie hat die Menschheit auf diese Gottesoffenbarung in der Schöpfung reagiert? Die Menschen haben Gott weder als Gott verherrlicht, noch Ihm Dank dargebracht, sondern – so konstatiert die Bibel – *„sie verfielen in ihren Überlegungen in Torheit und ihr unverständiges Herz wurde verfinstert"*.[6]

Die Überlegungen der Menschen hinsichtlich der Person Gottes degenerierten. Die Folge: jede Form der Abgötterei und des Götzendienstes. Daß man die Existenz Gottes schließlich ganz leugnete – wie es der heute weitverbreitete Materialismus lehrt – ist nichts als eine moderne und zugleich populäre Variante dieser Entartung menschlichen Denkens. Neu ist der Gedanke des Atheismus aber keineswegs. Er wurde schon vor fast 3000 Jahren in der Bibel erwähnt, wo es kurz und bündig heißt: „*Der Tor spricht in seinem Herzen: Es ist kein Gott!*“[7]

Wir haben also festgestellt, daß es grundsätzlich möglich ist, die Existenz Gottes vom Verstande her zu erkennen und zu bejahen. Daraus ergibt sich eine weitere und sehr wichtige Frage: Gibt es über das verstandesmäßige Erkennen hinaus eine weitere Erkenntnismethode, mit der man Gott persönlich in seinem Leben erfahren kann? Ja, es gibt sie! Die biblische Antwort lautet: *Glauben*. Dabei ist mit „Glauben“ nicht eine unsichere und unverbindliche, inhaltslose Sache gemeint (z. B. „Ich glaube, daß da irgendwo ein Gott existieren muß; ich bin mir aber nicht ganz sicher“), sondern das zugrundeliegende Wort „*pisteuein*“ (griech.) des biblischen Urtextes bedeutet im eigentlichen Sinn soviel wie „*vertrauen, sich anvertrauen*“.

Die Bibel gibt dazu die folgende Definition: „*Der Glaube aber ist eine Verwirklichung* (oder Grundlage) *dessen, was man hofft, ein Überführtsein von Dingen, die man nicht sieht.*“[8] Weiter wird erklärt: „*Durch Glauben verstehen wir, daß die Welten durch Gottes Wort bereitet worden sind, so daß das Sichtbare nicht aus Erscheinendem* (d. h. aus Dingen, die nicht mit den Sinnen wahrgenommen werden können) *geworden ist.*“[9]

Über die außerordentliche Wichtigkeit des Glaubens

heißt es außerdem: *„Ohne Glauben aber ist es unmöglich, Gott wohlzugefallen; denn wer Gott naht, muß glauben, daß er ist und denen, die ihn suchen, ein Belohner sein wird.“*[10]

Aber – ist es überhaupt möglich, die Suche nach Gott erfolgreich abzuschließen, d. h. mit Ihm in Kontakt zu kommen? Was nützt es dem Menschen, von der Existenz Gottes zu wissen und Ihn trotz eigenem Bemühen doch nicht wirklich kennenzulernen? Was steht zwischen dem Menschen und Gott, das keine Verbindung aufkommen läßt? Die biblische Antwort auf dieses Problem stellt die Natur des menschlichen Wesens in kein gutes Licht: Jeder Mensch ist vor Gott schuldig, d. h. er sündigt gegen Ihn. Die Sünde hat ihren Kern in dem Anspruch des Menschen, sein Leben unabhängig von Gott und in eigener Regie zu leben. Ob das nun in Form einer bewußten Auflehnung gegen Ihn erfolgt, als schuldhafter Ungehorsam oder auch als menschlicher Irrtum – alle Menschen haben in Gottes Augen deshalb den Tod verdient: *„Denn es ist kein Unterschied, denn alle haben gesündigt und erlangen nicht die Herrlichkeit Gottes“*[11] – *„Der Lohn der Sünde ist der Tod.“*[12]

Sünde bewirkt eine ewige und totale Trennung von Gott: *„Denn welche Verbindung haben Gerechtigkeit und Gesetzlosigkeit? Oder welche Gemeinschaft Licht mit Finsternis?“*[13]

Gibt es einen Ausweg für den Menschen? Ja – denn Gott will, *„daß alle Menschen gerettet werden und zur Erkenntnis der Wahrheit kommen“*[14], deshalb *„gebietet er jetzt den Menschen, daß sie alle überall Buße tun sollen.“*[15] „Buße tun“ heißt, seinen Sinn in

Bezug auf die Sünde, auf Gott und auf das Selbst zu ändern, d. h. wir müssen Gottes vernichtendes, aber vollkommen gerechtes Urteil über uns bejahen und uns vor Ihm als schuldig bekennen („. . . *denn wir empfangen mit Recht, was unsere Taten wert sind*“[16]). Gott fordert nicht nur, daß wir unsere Schuld vor Ihm bekennen und uns unter Sein Urteil stellen, sondern Er will auch, daß das Schuldkonto eines jeden Einzelnen gelöscht wird. Zu diesem Zweck hat Gott vor fast 2000 Jahren Seinen Sohn Jesus Christus auf die Erde gesandt, damit dieser stellvertretend für uns die Todesstrafe auf sich nehmen sollte. Durch Seinen Tod am Kreuz hat Jesus Christus für alle, die diesen Tod für sich persönlich annehmen, das vor Gott bestehende Schuldkonto gelöscht. Wir haben eingangs zwei Bibelstellen zitiert, die die Verlorenheit aller Menschen aufzeigen. Von entscheidender Bedeutung ist nun die Fortsetzung dieser beiden Zitate:

„Denn es ist kein Unterschied, denn alle haben gesündigt und erlangen nicht die Herrlichkeit Gottes, *und werden umsonst gerechtfertigt durch seine Gnade, durch die Erlösung, die in Christus Jesus ist.*“[17]

„Denn der Lohn der Sünde ist der Tod, *die Gnadengabe Gottes aber ewiges Leben in Christus Jesus, unseren Herrn.*“[18]

Jesus Christus – unser Herr? Wenn wir an den Herrn Jesus wirklich glauben, dann vollzieht sich in unserem Leben ein Herrschaftswechsel: „*Und für alle ist er gestorben, damit die, welche leben, nicht mehr sich selbst leben, sondern dem, der für sie gestorben und auferweckt worden ist.*“[19] Jesus Christus möchte das Leben von jedem, den Er errettet hat, in Seine Hand nehmen und neu gestalten.

Unsichtbare Realitäten: Satan

Wer kennt sie nicht, die Abbildung einer bocksbeinigen Gestalt mit Schwanz und Hörnern? Dieses oft zur Witzfigur stilisierte Produkt menschlicher Vorstellungen soll jenes unheimliche Wesen darstellen, das in der Bibel als „Satan“ oder „Teufel“ bezeichnet wird. „Luzifer“ ist ein weiterer Name dieses Wesens. Die Bibel bezeugt in ihrer Gesamtheit die wirkliche, personale Existenz des Teufels und seines Anhangs. Er ist der Feind Gottes und der Menschen schlechthin; durch sein Wirken als Verführer zur Sünde will er Gott und Menschen auseinanderbringen. Deshalb kämpft er auch mit Verbissenheit gegen das Erlösungswerk Gottes für die Menschheit durch Jesus Christus. Jesus selbst zeigt uns die bösartige Natur Satans, indem Er ihn als einen *„Menschenmörder von Anfang“* nennt, der nicht in der Wahrheit gestanden und durchaus seinem eigenen Wesen treu ist, wenn er *„die Lüge redet“*, weil er *„ein Lügner“* ist und ein Vater der Lüge.[20]

Das gegenwärtige Weltsystem, das auf den Grundsätzen der Gewalt, der Habgier, der Selbstsucht, des Ehrgeizes und des sündigen Vergnügens aufgebaut ist, ist sein Werk und war der Bestechungspreis, den er Jesus Christus anbot (den dieser aber ablehnte). Satan wird in der Bibel „Fürst dieses Weltsystems“ und „Gott der Welt“ genannt. Der Text von „Lord of this World“ der Gruppe *Black Sabbath,* den wir bereits kennengelernt haben, gibt diese Wesenszüge Satans treffend wieder. Als „Fürst, der in der Luft herrscht", ist er das Haupt von gewaltigen Heeren von Dämonen. Die Wirklichkeit und die Persönlichkeit der Dämonen bezeugen die Schriften des Neuen Testamentes in reichlichem Maße. Die Dämonen sind frühere Engel (Boten Gottes), die mitsamt ihrem Herrn, dem Satan, einst von Gott abgefallen sind. Das Bestreben der Dämonen ist die Beeinflussung des Menschen, um die Gemeinschaft des Menschen mit Gott zu verhindern, sein Seelenleben zu verunreinigen, ihn zum Bösen zu veranlassen und sein geistliches und leibliches Leben zu zerstören. Die bösen Geister sind fähig, von einem Menschen, der sich ihnen ausliefert, im wahrsten Sinne des Wortes Besitz zu ergreifen. Solche „Besessenheit" äußert sich in der Regel entweder negativ in körperlich-seelischem Zerfall oder scheinbar positiv in Fähigkeiten, die der Mensch ohne das Behaustsein durch einen Dämon nicht hätte.

Wie der Mensch Zugang zu Gott durch den Glauben an Seinen Sohn Jesus Christus haben kann, ähnlich kann er sich auch finsteren und satanischen Mächten öffnen und mit ihnen in Kontakt treten. Besonders die Beschäftigung mit dem *Okkultismus* (Zaubereisünden, der Besuch von Wahrsagerinnen oder von spiritistischen Sitzungen, das Tragen von Amuletten usw.) bringt den Menschen unter die Gewalt Satans.

Das Wort *Okkultismus* kommt aus dem Lateinischen: „occultus" heißt „verborgen, dunkel, geheim". Unter „Okkultismus" versteht man die „Lehre von dem Verborgenen, Geheimen" (Geheimwissenschaften) und generell jede Beschäftigung mit dem „Dunklen", Geheimnisvollen. Wissenschaftler scheuen sich vor dem Begriff Okkultismus und verwenden dafür lieber den Begriff Parapsychologie (nach Driesch „die Wissenschaft der ‚okkulten' Erscheinungen"). Auf *säkularer* Ebene sehen viele im Okkultismus lediglich ganz global die „Theorie und Praxis der Naturerscheinungen, deren Ursachen mit den bisher bekannten Naturgesetzen noch nicht erklärt werden können".[21]

Diese Sehweise wird der *biblischen* Standortbestimmung des Okkulten in keiner Weise gerecht, nach der es sich – wie Dr. Helge Stadelmann einmal treffend formuliert hat – um *„widergöttliche bzw. von Gott verbotene Phänomene übersinnlicher Art"* handelt, *„auf die sich der Mensch einläßt in dem Versuch, die Begrenzung seiner fünf Sinne im Blick auf Wissen und Macht zu sprengen, von denen er umgekehrt aber auch in seiner Existenz beeinflußt und bestimmt werden kann"*.[22]

Der hochangesehene Theologe Merrill F. Unger wird sehr deutlich, wenn er schreibt: *„Okkultismus ist eine Sammelbezeichnung für alle Lehren und Praktiken, bei denen nicht Jesus Christus, sondern Satan im Mittelpunkt steht* (Wahrsagen, Zauberei, Totenbefragen, Telepathie, Hellsehen, Götzendienst, Horoskopelesen, Sterndeuterei usw.)".[23]

Die Bibel erkennt die Wirklichkeit der okkulten Welt ganz klar an. Die christliche Lehre beschreibt nicht nur das sichtbare Universum als durch den Fall verdorben, sondern auch eine unsichtbare Welt, in der es einen Teufel und böse Geister gibt, die in ihrer Rebellion einen aktiven Einfluß auf die Welt und die Menschen haben. Hinter allen okkulten Phänomenen steht Satan, der Feind Gottes. Sich mit dem Okkulten einzulassen heißt deshalb, Gott den Rücken zuzukehren und sich auf die Seite Satans zu stellen.

Gottes Wort sagt darum ein klares Nein zu okkulten Praktiken. Mose gebietet dem Volk Israel: „*Wenn du in das Land kommst, das dir der HERR, dein Gott, geben wird, so sollst du nicht lernen, die Greuel dieser Völker zu tun, daß nicht jemand unter dir gefunden werde, der . . . Wahrsagerei, Hellseherei, geheime Künste oder Zauberei treibt oder Bannungen oder Geisterbeschwörungen oder Zeichendeuterei vornimmt oder die Toten befragt. Denn wer das tut, der ist dem HERRN ein Greuel, und um solcher Greuel willen vertreibt der HERR, dein Gott, die Völker von dir. Du aber sollst untadelig sein vor dem HERRN, deinem Gott. Denn diese Völker, deren Land du einnehmen wirst, hören auf Zeichendeuter und Wahrsager; dir aber hat der HERR, dein Gott, so etwas verwehrt.*“[24]

Ein Mensch, der mit okkulten Praktiken experimentiert und „spielt“ – aus welchen Gründen auch immer – steht unter einem vernichtenden Urteil Gottes: „*Denn wer das tut, der ist dem HERRN ein Greuel*“! Achtung! Es heißt hier nicht: Wer das tut, der *begeht* ein Greuel, sondern es heißt: Der *ist* ein Greuel. Nicht nur die *Tat* ist dem HERRN ein Greuel, sondern der *Mensch*, der sie begeht!

Gerade für das Experimentieren mit Magie scheint die Welt der Rockmusik, in der Tausende von Rockbands davon träumen, um jeden Preis populär zu werden und Karriere zu machen, besonders prädestiniert zu sein. Im landläufigen Sinne wird unter Magie fälschlicherweise das „Hokuspokus" der „Bühnenmagie" verstanden, bei der ein gutgekleideter Herr weiße Kaninchen aus seinem schwarzen Zylinder zu zaubern weiß. Dies ist aber nicht das, was echte Magier (und die Bibel) unter Magie verstehen: In der Magie geht es nicht um Fingerfertigkeit und Zauberkunststücke, sondern es geht hier um das Ausüben paranormaler Macht, d. h. das Handeln eines Magiers ist darauf gerichtet, die Wirklichkeit durch übersinnliche Kräfte zu beherrschen oder zumindest zu beeinflussen.

Man unterscheidet dabei im allgemeinen zwei Arten der Magie: *Weiße Magie* und *Schwarze Magie*. Worin besteht der Unterschied zwischen beiden? Oft geht man von der Annahme aus, daß die Art des „Vorzeichens" entscheidend sei: Ehe der Magier mit seinen magischen Handlungen beginnt, spricht er alte Formeln aus. Dabei kann er sich auf Gott berufen oder die Namen der Dreieinigkeit aussprechen (= Weiße Magie). Er kann aber auch die Kräfte heidnischer Götter, Dämonen oder selbst Luzifers zu Hilfe rufen (= Schwarze Magie). Heikel wird es aber dann, wenn in einer Anzahl von Formeln beide Arten von Namen kombiniert werden! Aleister Crowley: „Der Wortgebrauch ist Nebensache. Er erhöht die Ekstase des Magiers. Anrufungsworte sind, so wie Weihrauch und Rauschgifte, nur Suggestionsmittel."

Sinnvoller ist es darum, Weiße und Schwarze Magie durch den Unterschied des *Zweckes* zu unterscheiden: Weiße Magie zielt auf die Abwehr des Bösen, auf Verbesserung von Beziehungen, auf Heilung. Das Ziel der Schwarzen Magie ist es, Menschen, Tieren oder Pflanzen zu schaden, sie krank zu machen oder zu töten. Auch wenn die Anwendung dieses Unterscheidungskriteriums nicht immer ganz unproblematisch ist, erweist sich ein Disput um die richtige Terminologie jedoch als unnötig, denn beide – Weiße und Schwarze Magie – haben ihre Quellen gleichermaßen im Wirken okkulter, dämonischer Mächte, hinter denen kein anderer als Satan selbst steht. So erkannte auch H. E. Miers in seinem „Lexikon des Geheimwissens": Es gibt *„eigentlich keine weiße oder schwarze Magie, sondern nur schwarze und weiße Magier, denn die Magie ist praktisch nur das Handhaben okkulter Kräfte zum Zwecke einer Veränderung des irdisch Gegebenen, ohne Rücksicht auf die Absicht*".[25]

In der Magie sind Menschen am Werk, die über Gut und Böse verfügen wollen: die Urversuchung des Bösen (1. Mose 3,5).

Störungen durch okkulte Beeinflussung

Wenn sich ein Mensch okkult betätigt, öffnet er damit allen finsteren Mächten Tür und Tor, wodurch er dann bewußt oder unbewußt beeinflußt wird. So können bei ihm ernsthafte Störungen hervorgerufen werden. Außer dem möglichen Auftreten *physischer und psychischer Anomalien* und der Erlangung *okkulter Fähigkeiten* sind die Störungen sehr häufig folgenden zwei Bereichen zuzuordnen:[26]

1. *Störungen in der Kommunikation mit Gott*, zumin-

dest bei Christen oder bei denen, die Christen werden wollen (an anderen Religionen scheinen Dämonen nicht besonders interessiert zu sein).

Christen bekommen Schwierigkeiten mit dem Beten und mit dem Bibellesen. Geistlicher Stillstand, keine Heilsgewißheit, Lästergedanken und mangelndes geistliches Unterscheidungsvermögen, Abnahme der Glaubenskraft und der Freude, zunehmendes Desinteresse, selbst Abwendung vom Evangelium Jesu Christi sind häufige Folgen.

2. *Störungen auf moralischem und psychischem Gebiet:* Depressionen oder Aggressionen, Ängste und Zwangshandlungen, sexuelle Entgleisungen, Versklavungen und oft Neigung zum Selbstmord. Sexuelle Perversionen – auch eine unnatürlich zwanghafte Sexualität – sind manchmal Folgen okkulter Grenzüberschreitungen.

Ich frage mich ernsthaft, ob die sexuellen Abartigkeiten und die Drogensucht, die bei Rockmusikern häufig zu beobachten sind, nicht manchmal das ist, was die Okkultisten als „des Teufels Entgelt“ bezeichnen: Dinge, die durch okkulte Grenzüberschreitungen verursacht oder zumindest intensiviert werden . . .

Unter dämonischen Einflüssen?

„Es ist manchmal angsterregend"

Nach einem *AC/DC*-Konzert mit der Irrsinns-Show des Gitarristen Angus Young wurde dieser gefragt: „*Woher kriegst du deine Energie?*"
Antwort: „*Von dort oben*" (zeigt nach oben).
Frage: „*Von dort oben?*"
Antwort: „*Entweder von dort oben oder dort unten. Wahrscheinlich von dort unten. Dort oben gibt's keinen Rock'n Roll.*"
Der Journalist fügt trocken hinzu: „*Tröstend zu wissen, daß wir jetzt in dem Besitz der Erklärung zum LP-Titel ‚Highway to Hell' sind.*"[1]
Youngs Bandkollege Cliff Williams verrät weitere Einzelheiten: „Angus befindet sich wie in Trance, wenn er seine Wahnsinnssoli spielt. Er kann sich hinterher an nichts mehr erinnern."

Der zum Hinduismus übergetretene Gitarrist John McLaughlin behauptete, daß ein Geist hinter der Musik seiner Band *Mahavishnu Orchestra* stehe. Er berichtete: „Als wir eines Abends gerade spielten, trat plötzlich der Geist in mich hinein – und ich spielte, aber es war nicht mehr mein eigenes Spielen!"[2]

Ein anderer, weltbekannter Gitarrist bekennt: „Manchmal stehe ich auf der Bühne, und ich habe das Gefühl, als wäre ich es gar nicht, der dort Gitarre spielt, sondern der Mann, der dort spielt, sieht zwar so aus wie ich, spielt auch so wie ich, aber ich bin es nicht. Ich habe das Gefühl, als beobachte ich mich selbst von außen her, als stünde ich neben der Person, die dort Gitarre spielt, und ich wundere mich selbst über die Melodien und Improvisationen, die die Person an der Gitarre dort spielt."[3]

Ähnliches weiß der berühmte Rock-Drummer Ginger Baker zu berichten:

„Es passiert recht oft, daß ich das Gefühl habe, daß nicht ich mein Instrument spiele, sondern ‚irgend etwas' spielt mein Instrument, und dasselbe ‚Etwas' spielt auch alle anderen Instrumente unserer Band. Das meine ich damit, wenn ich sage: Es ist manchmal angsterregend."[4]

Jeder, der sich in okkulten Phänomenen auskennt, erkennt hier auf den ersten Blick untrügliche Kennzeichen dämonischer Kontrolle!

Seltsame, groteske Verzerrungen des Gesichtes bis hin zum Annehmen wesensfremder Gesichtszüge, zuckende und krampfartige Bewegungen der Gliedmaßen sowie das Ausführen eigenartiger, roboterähnlicher Bewegungen – diese Erscheinungen sind an Rockmusikern bei Live-Auftritten manchmal festzustellen und werden dann gerne einfach als Teil der Show und als Gefühlsausdrücke der Musiker interpretiert.

Die gleichen Phänomene sind aber ebenso im Spiritismus bekannt und zu beobachten, wenn das spiritistische Medium unter den Einfluß seines Kontrollgeistes gerät und dämonisch besessen wird. Deshalb halte ich es für notwendig, darauf hinzuweisen, daß den oben genannten und ähnlichen Erscheinungen grundsätzlich eine dämonische Steuerung zugrunde liegen kann. Eine solche Deutung liegt besonders dann nahe, wenn der betroffene Musiker selbst zugibt, daß sich „irgend etwas“ seiner bemächtigt.

So gab der Sänger der Hardrock-Gruppe *Meat Loaf* ganz offen zu: „Wenn ich auf die Bühne komme, werde ich besessen.“[5] Während eines Live-Auftrittes im Januar 1982 konnte man miterleben, wie der schwergewichtige Leadsänger besessen wurde. Nachdem er eines der letzten Lieder des Konzertes gesungen hatte, kam ein völlig unkontrolliertes Schütteln über ihn, und er wurde von solch starken Spasmen überwältigt, wie er es selbst zuvor noch nie erlebt hatte.[6]

Jim Steinman, der Komponist von *Meat Loaf*, bekannte: „*Ich bin schon immer vom Übernatürlichen fasziniert gewesen, und ich habe Rock immer schon als das ideale Medium dafür empfunden.*“[7]

Kürzlich las ich einen Bericht von Christen, die auf die Verbindung zwischen Rock, Drogen und Okkultismus stießen, als sie eine Begegnung mit einer jungen, von Dämonen besessenen Frau hatten. Sie war ausgebildete „Hexe“, nahm Heroin und große Mengen Alkohol zu sich und war in heterosexuelle Praktiken verstrickt. Die junge Frau wollte jetzt „aussteigen“ und zu Gott zurück. Die Dämonen, die bei dem anschließenden Kampf der Befreiung aus ihr sprachen, keuchten und krächzten, machten dieselben Geräusche wie viele Rockmusiker. Jugendliche, die diesen furchtbaren Kampf und seine Phänomene mitbekamen, waren so sehr geschockt, daß sie ihre Rockplatten wegwarfen.

Die Herausforderung dunkler Mächte – ein Spiel mit dem Feuer

Bob Larson berichtet: „Mit meinem aus Erfahrung erworbenen Wissen über die dämonischen Kräfte, die in der Rockmusik präsent sind, stehe ich nicht allein. Eine der unheimlichsten Geschichten, die ich jemals gehört habe, wurde mir von einem Freund erzählt, der unter Drogenbenutzern und ‚Dropouts' arbeitet. – Mehrere Wochen lang verkehrte er mit einem 16jährigen Jungen, der angab, mit dämonischen Geistern in Kontakt zu stehen. Eines Tages bat er meinen Freund, das Radio einzuschalten und einen Sender einzustellen, der Rockmusik brachte. Während sie zuhörten, konnte der Teenager – bevor überhaupt der Sänger zu singen begann – die Worte von Songs erzählen, die er niemals zuvor gehört hatte. Als er gefragt wurde, wie er das zustande bringe, antwortete der Sechzehnjährige, daß die gleichen dämonischen Geister, die er kenne, diese Songs inspiriert hätten. Er erklärte ebenfalls, daß er auf seinen LSD-Trips Dämonen hören könne, die einige von genau denjenigen Songs sängen, die er erst später auf Aufnahmen von ‚Acid Rock'-Gruppen (Drogen-Rock) hörte."[8]

Viele Gruppen schreiben ihre Songs unter Drogeneinfluß. Einige geben zu, die Inspiration für ihre Kompositionen durch eine „Macht" zu erhalten, die die Musiker bzw. die Band kontrolliert.

Led Zeppelins Album „Presence" zeigt einen schwarzen, seltsam geformten Gegenstand, der zu Spekulationen hinsichtlich seiner Bedeutung geführt hat. Jimmy Page enthüllte, daß dieses geheimnisvolle Gebilde die Kraft symbolisiert, die die Gruppe befähigt, die Zuhörerschaft stark zu beeinflussen, eine Macht, die einfach als „Presence“ – mit „Anwesenheit“, aber auch mit „(Geister-)Erscheinung“ übersetzbar!– bezeichnet wird. Aufgrund solcher Offenbarungen stellt sich die berechtigte Frage, ob die andauernde Popularität der inzwischen legendären Gruppe nicht – zumindest teilweise – auf „mehr“ als ihren aus den Boxen quellenden Hardrock-Sound zurückgeführt werden kann.[9]

Düstere Ahnungen werden wach, wenn Jimmy Page offen verkündet: *„Magie ist niemals gut oder böse, schwarz oder weiß, sondern einfach eine Methode, der dämonischen Wirklichkeit teilhaftig zu werden und diese für sich zu erschließen.“*[10]

„Der magisch lebende Mensch versucht, die höheren Mächte, die er um sich herum wahrnimmt, sich zu unterwerfen und sich nutzbar zu machen.“ (Aleister Crowley)

Die starke Gefährdung der Rockmusiker, sich dämonischen Mächten auszusetzen und dem Okkultismus zu verfallen, wird in „Rock & Schwarze Magie“ (Spotlight 10/1978) deutlich hervorgehoben:

„Kreativität, emotionales Über-sich-hinausgehen, explodierende Energie, Trance und Sich-total-ausgeben: Attribute, die jede Rockshow beherrschen und denen jeder Rockmusiker unterliegt, sind gleichwohl Attribute der Magie. Und so ist der Schritt nicht weit, den Künstler und Musiker unternehmen müssen, um sich den dunklen Mächten der Magie zu stellen, sie herauszufordern, sie dienlich zu machen, ihnen zu begegnen suchen.“

Marc Bolan, Lead-Gitarrist und Songschreiber von *T-Rex* sagte, er habe zwei Jahre lang in Paris mit einem Schwarzen Magier zusammengelebt, von dem er das Ausüben derjenigen Magie erlernt habe, auf welche er den Erfolg einiger seiner Plattenaufnahmen zurückführe.[11]

Bolan brachte Englands Teenager in „Rextase“; in eineinhalb Jahren verkaufte er 18 Millionen Platten. Die Tageszeitungen berichteten von *T-Rex*-Konzerten, bei denen die eine Hälfte des weiblichen Publikums in tiefer Ohnmacht lag, während sich die andere in Schreikrämpfen wand.[12] Marc Bolan starb bei einem mysteriösen Autounfall in England.

Den zweifellos größten Einfluß auf die Rockmusik haben die *Beatles* ausgeübt. Tony Sheridan, der 1962 im Starclub in Hamburg mit den *Beatles* zusammenspielte, lüftete das Geheimnis, auf dem der unheimliche Erfolg dieser Gruppe basieren könnte. Sheridan berichtete, daß John Lennon sich 1962 sehr stark für okkulte Dinge interessierte, und wie er selbst mit dem Beatle in Hamburg in einer spiritistischen Sitzung gewesen sei. Dort habe ihm Lennon gesagt:

„Ich weiß, daß die Beatles Erfolg haben werden wie noch keine andere Gruppe. Ich weiß es genau – denn für diesen Erfolg habe ich dem Teufel meine Seele verkauft.“[13]

1963 landeten die *Beatles* weltweit tatsächlich einen Hit nach dem anderen und leiteten so die „Beatlemanie“ ein, die fortan für Schlagzeilen, Superlative und Umsatzrekorde sorgte.

Am 4. April 1964 schließlich waren die *Beatles* mit

fünf ihrer Songs in den USA gleichzeitig Nummer eins, zwei, drei, vier und fünf in den Single-Charts, und mit ihren beiden LPs „Meet the Beatles“ und „Introducing the Beatles“ waren sie auch in den LP-Charts Nummer eins und zwei.[14] Allein bis 1973 wurden 90 Millionen LPs und 125 Millionen Singles ihrer Musik abgesetzt.[15]

Bemerkenswert ist, daß der berüchtigte Satanist *Charles Manson*, der durch die sieben schauerlichen Tate-LaBianca Morde bekannt geworden ist, Inspiration von den *Beatles* in Anspruch nahm, indem er in einigen ihrer Songs Geheimbotschaften zu entdecken glaubte.

Mansons Aussage nach sollen die *Beatles*-Songs „Helter Skelter“ und „Blackbird“ seine abartigen und mörderischen Philosophien diktiert haben. Im Hause Sharon Tates fand man bei den Leichen „Pigs“ (von dem Song „Piggies“) mit Blut an die Wand geschrieben, bei einem anderen Opfer wurde ebenfalls mit Blut „Helter Skelter“ an die Zimmerwand geschmiert.[16]

Zurück zu John Lennon. Auf der LP „Mindgames“ (1973) schrieb er einen Song mit dem Titel „Bring on the Lucie“, in dem er den Antichristen buchstäblich anbetet:

„Es gibt hier etwas, was du sofort tun mußt: Befreie die Leute jetzt. Tue es, tue es, tue es jetzt! Wir sind gefangen mit Händen in der Luft . . . So wollen wir es wie ein Gebet hinausrufen: Befreie die Leute . . . 666 ist dein Name.“

John Lennon wurde am 8. Dezember 1980 von seinem Fan Mark Chapman unter mysteriösen Umständen erschossen. Chapman führte sein Tatmotiv auf „Stimmen und den Teufel“ zurück. War das der Preis den der Teufel nun von dem ehemaligen Beatle gefordert hat?

Versuchungen und ihre Überwindung

Vielen Lesern wird die Versuchungsgeschichte Jesu bekannt sein, in der berichtet wird:

„Wiederum nimmt der Teufel ihn mit auf einen sehr hohen Berg und zeigt ihm alle Reiche der Welt und ihre Herrlichkeit und spricht zu ihm: Dies alles will ich dir geben, wenn du niederfallen und mich anbeten willst. Da spricht Jesus zu ihm: Geh hinweg, Satan! Denn es steht geschrieben: ‚Du sollst den Herrn, deinen Gott, anbeten und ihm allein dienen.' Dann verläßt ihn der Teufel, und siehe, Engel kamen herzu und dienten ihm.“ (Matth. 4,8-11)

Aus dieser Begebenheit lassen sich wichtige Informationen ableiten: Der Teufel will die allein Gott gebührende Ehre und Anbetung in dieser Welt auf sich selbst ziehen. Er verspricht den Menschen dafür Ehre, Erkenntnis, Macht und manchmal selbst übernatürliche Fähigkeiten – Dinge, nach denen der Mensch sich in seinem von Gott losgelösten Zustand ausstreckt. Aber dieser Handel hat einen „Pferdefuß“, der in der bösartigen Natur Satans begründet liegt: Erst versklavt er die Menschen für seinen Willen, und zum Dank dafür reißt er sie mit sich in die ewige Verdammnis, in den Feuersee (Offb. 20,10.15). Satan gaukelt seinen Opfern oft so lange den Himmel vor, bis sie mit ihm in die Hölle hinabstürzen.

„Denn was wird es einem Menschen nützen, wenn er die ganze Welt gewönne, aber sein Leben einbüßte?“ (Matth.16,26) – mit dieser Frage Jesu Christi sollte sich jeder Mensch ernsthaft auseinandersetzen.

Jesus selbst war es, der für alle, die Gott dienen wollen, ein Vorbild gab und Satans Versuchungen und verlockenden Angeboten widerstand. Er erwiderte mit Gottes Wort aus 5. Mose 6,13 (und 10,13): *„Du sollst den Herrn, deinen Gott, anbeten und ihm allein dienen*“. Nichts anderes sagt auch das erste Gebot: *„Du sollst keine anderen Götter neben mir haben!*“ (2. Mose 20,3)

Dem hatte Satan nichts mehr entgegenzusetzen, und er mußte unverrichteter Dinge weichen. Die Anweisung, die für Jesu Nachfolger gilt, heißt also: *„Unterwerft euch nun Gott! Widersteht aber dem Teufel, und er wird von euch fliehen.*“ (Jak. 4,7)

Allen, die sich noch nicht Gott unterworfen haben, läßt Er durch den Propheten Jesaja sagen:

„Der Gottlose verlasse seinen Weg und der Übeltäter seine Gedanken und kehre um zum HERRN, so wird er sich seiner erbarmen, und zu unserem Gott; denn er vergibt viel.“ (Jes. 55,7)

„Es ist gefährlich, die Geister zu verwirren“

Dieses Kapitel schließt mit Auszügen aus einer Arbeit über Rock und Magie von Pierre Granini. Er berichtet unter dem Titel *„Es ist gefährlich, die Geister zu verwirren. Das magische Weltbild der Can*“ eindrucksvoll von okkulten Phänomenen bei der deutschen Rockgruppe *Can*:[17]

„Spätestens seit dem Album «Tago Mago» (1971) haben einfühlsame Zuhörer bei besonders inspirierten Auftritten der Band *Can* eine Aura des Ungewöhnlichen, ja des Unwirklichen registriert. Die beinahe schon gespenstische Übereinstimmung der Musiker bei der Improvisation ließ den Eindruck aufkommen, jeder wisse immer schon im voraus, was die anderen im nächsten Moment spielen. Traumhafte Rauschklänge schienen direkt dem Unterbewußtsein zu entspringen, aber wie wurden sie zwischen den Spielern derart perfekt synchronisiert? Die Sicherheit, mit der sie Teile des Publikums in Trance versetzen konnten, ging weit über das von anderen Rockbands Gewohnte hinaus. Dazu wurde im engeren Umkreis der *Can* von seltsamen Psi-Erlebnissen gemunkelt, und immer häufiger erschien in Rezensionen das Wort Telepathie. Irgendwann mußte das Thema Magie bei *Can* also auch öffentlich zur Sprache kommen . . .

Daß es außersinnliche, vordergründiger Logik widersprechende Wahrnehmungs- und Kommunikationsmöglichkeiten wie Telepathie, Hellsehen und Vorauswissen künftiger Ereignisse gibt, darf nach den Resultaten der parapsychologischen Forschung heute als gesichert gelten. *Can* kann dafür mit eigenen Belegen aufwarten. So improvisierte *Can*-Gitarrist Michael Karoli beispielsweise einmal im gruppeneigenen Studio nahe Köln mit Kopfhörern zum Overdubbing direkt aufs Tonband, ohne daß die E-Gitarre über Lautsprecher zu hören war. Draußen hackte ein naiver, wohl aber medial empfindsamer Dorfbewohner Holz. Die Musiker stellten fest, daß er jedesmal irritiert zu arbeiten aufhörte, wenn Michael sein Spielen unterbrach. Sobald der Gitarrist wieder einsetzte, waren auch die Axtgeräusche wieder zu hören – im exakt richtigen Rhythmus . . .

Unerklärliches geschieht immer wieder im Umkreis der *Can,* über das die Musiker nur zögernd und mit aller Vorsicht zu sprechen bereit sind. Da war beispielsweise die Sache mit der Studiouhr im Februar 1974 bei der Aufzeichnung zur englischen TV-Sendung «Old Grey Whistle Test». Nach dem Startzeichen und dem Beginn des Stückes stellte Schlagzeuger Jaki Liebezeit fest, daß mit seinem Schlagzeug irgend etwas nicht stimmte. Er brach die Aufnahme ab, und im gleichen Augenblick blieb der Sekundenzeiger der Uhr stehen. Minuten später gab der Drummer das Signal «Fertig!», und der Zeiger begann wieder zu laufen. Keiner der Musiker hatte es wahrgenommen, aber die ganze Szene war mit vier Videokameras gefilmt worden und also nachprüfbar. Ein Kameramann kreidebleich: «An euch ist wirklich etwas komisch.»

Daß im Zürcher Schauspielhaus, wo die Band einmal für ein Stück die Bühnenmusik lieferte, ständig Irmin Schmidts Orgel bei Beginn der Vorstellung ausgeschaltet war, obgleich jedesmal ein Sound-Check stattgefunden hatte, der abgebrochene Kippschalter nur mit einem Schraubenzieher und Brachialgewalt umzulegen war und ein Bühnentechniker nach mehrmaliger Wiederholung des Vorfalls das Gerät nicht mehr aus den Augen ließ, mag noch auf irgendeine Weise mechanisch bewirkt worden sein. Seltsam bleibt es. Daß Michael jedoch einmal das penetrante Rauschen der alten, selten gespielten Selmer-Orgel im *Can*-Studio durch gedankliche Anstrengung und verbalen

Befehl zum Verstummen und Wiedereinsetzen bringen konnte, ist physikalisch nicht zu erklären.

Solche Dinge widerfahren den Musikern häufig. Jaki: «Wenn der Spuk vorbei ist, vergißt man es meistens. Was es eigentlich war, kann man im nachhinein nicht mehr feststellen.» Festzuhalten bleibt, daß es sich hier offenbar um medial begabte Menschen handelt, die infolge jahrelanger Sensibilisierung für Phänomene empfänglich sind oder diese sogar auslösen können, die anderen Personen verborgen bleiben. Als Irmin im Oktober 1975 die Pariser Wahrsagerin Madame LeBeau besuchte und um Rat bat, waren ihre ersten Worte nach Berührung seiner Hände: «Aha, selber ein Medium!»

Madame LeBeau, die in magischen Kreisen einen guten Ruf besitzt, hat Irmin bei dieser Gelegenheit detailliert Entwicklungen und Ereignisse vorausgesagt, die – sofern nicht in fernerer Zukunft liegend – seither exakt eingetreten sind. Mitunter gelang ihm auch später mit ihr telepathischer Kontakt, und er ist geneigt, ihr eine «fast hundertprozentige Trefferquote» zu bescheinigen. Neben vielen Voraussagen im Privatbereich prophezeite sie der *Can* für Herbst 1976 kommerziellen Erfolg, der sich mit dem Album «Flow Motion» und den Singles »I Want More« und »Silent Night« tatsächlich eingestellt hat.“

Hotel California

Eagles

Die südkalifornische Gruppe *Eagles* wurde unter dem Einfluß der okkulten Lehren des Schriftstellers Carlos Castaneda formiert.[1] Seit 1972 zählen die Eagles mit ihrem ausgeglichenen Westcoast-Rock zu den erfolgreichsten amerikanischen Gruppen. Die Songs der Gruppe bestehen aus einer leicht nachvollziehbaren Musik, versehen mit eingängigen Texten und einprägsamen Refrains, die mit gefühlvollem Gesang vorgetragen werden. Die Lieder werden zu echten Ohrwürmern.

Daß einige ihrer Songs okkulte Inhalte transportieren, dessen wird sich der Hörer kaum bewußt – sind sie doch glatt wie Seide und klingen, als ob Engel sie gesungen hätten.

Ausgerechnet ihre beiden Superhits „One of these Nights“ (1975) und „Hotel California“ (1976) machen deutlich, daß die *Eagles* bei weitem nicht so harmlos sind, wie sie klingen.

In „One of these Nights“ ertönen die Worte:

„Einer dieser Nächte . . . Ich habe nach der Tochter des Teufels Ausschau gehalten. Ich habe nach einer Frau gesucht, die von beidem etwas hat. Ich spüre ihre Nähe, kann sie aber nirgends finden . . . Du hast deine Dämonen, du hast deine Wünsche, aber ich habe ein

wenig von mir selbst . . .“

“Hotel California“ hat die Erinnerungen eines Mannes zum Inhalt, der ein erschreckendes Erlebnis mit dem Okkulten gemacht hat. Das Finstere steckt bei diesem Song ein wenig „zwischen den Zeilen“, so daß der mit dem einladenden Refrain „Welcome to the Hotel California“ versehene Text den Hörer über die eigentliche Botschaft des Liedes hinwegtäuscht:

Ein Mann berichtet, wie er am späten Abend auf der Autobahn durch die Wüste fährt und plötzlich in der Ferne ein Licht schimmern sieht. Weil er müde ist, hält er seinen Wagen an, um an diesem Ort zu übernachten. Als er „Hotel California“ betritt, ist er sich nicht darüber im klaren, wo er überhaupt ist („This could be heaven or this could be hell“ – „Dies könnte der Himmel oder die Hölle sein“). Er hört Stimmen in der Nacht, bestellt Wein und wird dann informiert, dieser Geist („that spirit“) sei seit 1969 nicht mehr in „Hotel California“ gewesen. Der nächtliche Besucher wird nun Zeuge eines satanischen Rituals:

„Spiegel an der Decke, der rosa Champagner auf Eis. Und sie sagte ‚Wir sind alle Gefangene hier, aus eigener Wahl‘. Und in der Kammer des Meisters versammelten sie sich zum Festmahl. Sie erstechen es mit ihren stählernen Messern, aber die Bestie können sie einfach nicht töten.“

Der Besucher ist entsetzt, er flieht aus „Hotel California“. Draußen in der Nacht muß er jedoch mit Schrekken feststellen, daß er zwar zu jeder Zeit aussteigen, sich aber niemals mehr von „Hotel California“ lösen kann:

„Entspanne dich", sagte der Mann der Nacht. „Wir sind dazu programmiert, Befehle zu erhalten. Du kannst zu jeder Zeit aussteigen, aber du kannst dich niemals lösen."

Der Text von „Hotel California" spielt wahrscheinlich auf die Satanskirche in San Francisco an. Man findet sie dort in der . . . California Street. Zufall? Auf der linken Seite des Innencovers von „Hotel California" sieht man drei fensterartige Öffnungen. In dem mittleren Fenster ist ein Gesicht erkennbar – das des glatzköpfigen Anton S. Zandor LaVey, dem Kopf der Satanskirche.[2] *Eagles*-Manager Larry Salter gab offen zu, daß einige Musiker der *Eagles* mit Mitgliedern der Satanskirche verkehren.[3]

John Rockwell, dem Autor des Buches „Trommelfeuer" ist zuzustimmen, wenn er schreibt:

„Diese Musik, wie wir sie in ‚Hotel California' hören, führt dazu, daß wir uns selbst entschuldigen, wenn wir sie hören. Wir verdrängen die wahre Bedeutung der Worte, weil wir schwerpunktmäßig vom Rhythmus, vom gesanglichen Feeling und von den Gitarren gefangen genommen werden."[4]

Die Lebensphilosophie der *Eagles* kann vielleicht am besten mit den Worten ihres Songs „Good Day in Hell" wiedergegeben werden:

„In jenem guten Buch mit Namen möchte ich in Flammen untergehen und dabei zusehen, wie ich untergehe. Oh ja, es war ein guter Tag in der Hölle, und morgen werde ich für die Herrlichkeit bestimmt sein."

Ritchie Blackmore

Als einer der größten Rock-Okkultisten gilt der *Deep Purple*-Gitarrist Ritchie Blackmore, der 1975 seine eigene Band *Rainbow* gründete. Er gibt offen zu, daß er spiritistische Sitzungen (Seancen) abhält, „um Gott näher zu kommen". Während seiner Konzerte erlebt Blackmore das im Spiritismus wohlbekannte Phänomen der „Exkursion der Seele", wobei er seinen Körper verläßt und durch den Konzertsaal schwebt.[5]

Der Gitarrist erklärte, daß er nach der Gründung von *Deep Purple* durch den damaligen Bassisten Nick Simper in den Spiritismus eingeführt worden sei.[6] Blackmore macht Plattenaufnahmen in einem Schloß, in dem ein Dämon spuken soll, der sich als Diener des 4000 Jahre alten babylonischen Gottes Baal ausgibt: „Ich interessiere mich für die merkwürdigen Dinge, die passieren, besonders für die Geister."[7]

Blackmores offen bekundetes Interesse an Schwarzer Magie mag Songs wie „Stargazer" (über den Sklaven eines ägyptischen Hexers), „Tarot Woman" (über die Vorhersagen durch okkulte Tarot-Karten) und „Gates of Babylon" inspiriert haben. Blackmore, der für sein Temperament, seine Gewalttätigkeit und üble Laune berüchtigt ist, kleidet sich konsequenterweise in schwarz.

KISS

„Feuerspeiende Dämonen der Rock'n Roll-Hölle" – so nennt ein Rock-Magazin die amerikanische Formation *KISS*. Selbst ihr Produzent Bob Ezrin bezeichnete die vier Musiker als „Symbole des entfesselten Bösen und der ungezügelten Sinnlichkeit“.[8] Ex-Drummer Peter Criss verkündete stolz: „Ich finde mich selbst böse. Ich glaube genau so viel an den Teufel wie an Gott. Man kann einen von beiden benutzen, Dinge erledigt zu bekommen.“[9] Gene Simmons, der Interesse an Kannibalismus bekundet, ist wohl bekannt für die Fähigkeit, seine lange Zunge lüstern herauszustrecken – ein altes heidnisches Symbol der Dämonenverehrung!

Ein junger Fan ermordete seinen Klassenkameraden, weil dieser sich mit ihm über *KISS* gestritten hatte.[10] Der Name *KISS* soll eine Abkürzung für *„Kings In Satanic Service“* („Könige in satanischem Dienst“) sein . . .[11]

Der höllische Song „God of Thunder“ enthält die Aufforderung: *„Ich versammle Finsternis um mich her, damit sie mich erfreue, und ich gebiete dir, vor dem Gott des Donners niederzuknien, dem Gott des Rock'n Roll.“*

Mir wurde von einem Fall berichtet, daß ein begeisterter *KISS*-Fan der obigen Aufforderung nachgekommen sei, indem er auf den Rat eines Freundes einmal um Mitternacht zu einem *KISS*-Poster gebetet habe. Daraufhin habe das Poster aufgeleuchtet und Gene Simmons habe seine herausgestreckte Zunge bewegt. Unter dem Eindruck dieses schaurigen Erlebnisses soll der Junge so sehr geschockt gewesen sein, daß er nie wieder *KISS* gehört hat.

KISS – „Love Gun" (1977): Die „Symbole des entfesselten Bösen und der ungezügelten Sinnlichkeit" sind bekannt dafür, daß sie sowohl sexuelle Abnormitäten propagieren als sich auch mit einer Aura des Bösen zu umgeben wissen. Auf dem Bild ist rechts zu erkennen, daß Gene Simmons einen satanischen Gruß zeigt.

Iron Maiden

Die britische Heavy Metal-Band *Iron Maiden* hat 1982 mit ihrer LP „The Number of the Beast" („Die Zahl des Tieres") für Aufsehen gesorgt. Die Präsentation des Titelsongs dieser Platte gehört zu den Höhepunkten ihrer Konzerte. Fanatische Begeisterung schlägt

Bruce Dickinson aus der Zuschauermenge entgegen, wenn er die Zahl des Antichristen besingt: *„666 the number of the beast. 666 the one for you and me.“*

Eines der Bandmitglieder sagte in einem Interview: „Iron Maiden ist weit davon entfernt, eine Band von Teufelsanbetern zu sein, obwohl *bestimmte Erfahrungen*, die wir während der Aufnahmen zu unserem neuen Album ‚The Number of the Beast' machten, *uns gelehrt haben, die Macht des Okkulten zu respektieren.* Da passierten eine ganze Menge merkwürdiger Dinge, während wir diese Platte aufnahmen.“[12]

Iron Maiden – „The Number of the Beast" (1982)

Niemand scheint sich daran zu stören . . .

Wenn christliche Eltern ihre Kinder mit einer Satansbibel oder ähnlicher Literatur ins Haus kommen sähen, so würden die meisten von ihnen diese dämonischen Artikel sofort konfiszieren und dem Abfalleimer anvertrauen.

Eine Anzahl der heutigen Rockplatten und ihrer Interpreten liefern jedoch ein offenes Zeugnis für das Wirken böser Mächte – aber niemand scheint sich daran zu stören . . .!

Auf den Plattenhüllen einer Reihe von Bands findet man okkulte Symbole und Darstellungen bis hin sogar zur Abbildung dämonischer Wesen. Als weitaus häufigstes okkultes Symbol wird das Pentagramm („Stern der Magier“) abgebildet, welches häufig das Abzeichen geheimer Gesellschaften war. Auf die Spitze gestellt, ist das Pentagramm ein Symbol des Satanismus, wobei die beiden oberen Zacken die Hörner eines Ziegenbocks, d. h. Satans, symbolisieren. Durch das sogenannte Pentagramm-Ritual erfolgt in der zeremoniellen Magie die Anrufung und die Bannung von Dämonen.

Ein Pentagramm

Bei einer Reihe von Plattenhüllen liegt die Vermutung

nahe, daß sie die Ergebnisse dämonisch- oder drogeninspirierter Kunst sind. Das es tatsächlich Kunstmaler gibt, die ihre Hände durch dämonische Kontrollgeister lenken lassen, dürfte ein offenes Geheimnis sein. So ergab bezeichnenderweise eine Erfassung aller Kunstmaler in England, daß 57 Künstler „spiritistische Maler" sind, die sich in ihrem Schaffen auf die Wiedergabe von Geistern und Gespenstern in englischen Schlössern spezialisiert haben.[13]

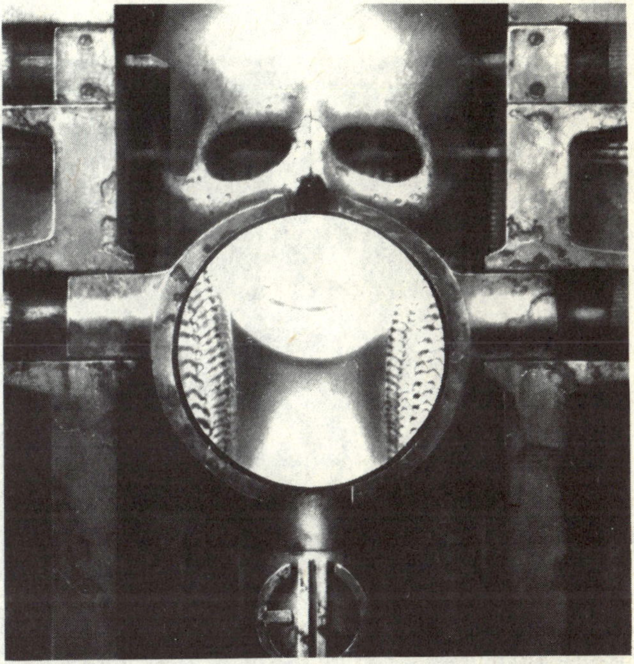

Cover der LP „Brain Salad Surgery" der Gruppe Emerson, Lake & Palmer (1973). Die Abbildung stammt von dem dämonisch inspirierten, surrealisti-

schen Maler H.R. Giger. Bekannt geworden ist Giger durch sein Werk „H.R. Giger's Necronomicon", die Visualisierung eines geheimnisvollen Zauberbuches, das Abbildungen enthält „von unheimlichen Lebewesen, die in der Tiefe der Erde und Meere lauern, um eines Tages die Menschheit zu vernichten und schließlich die Weltherrschaft anzutreten".

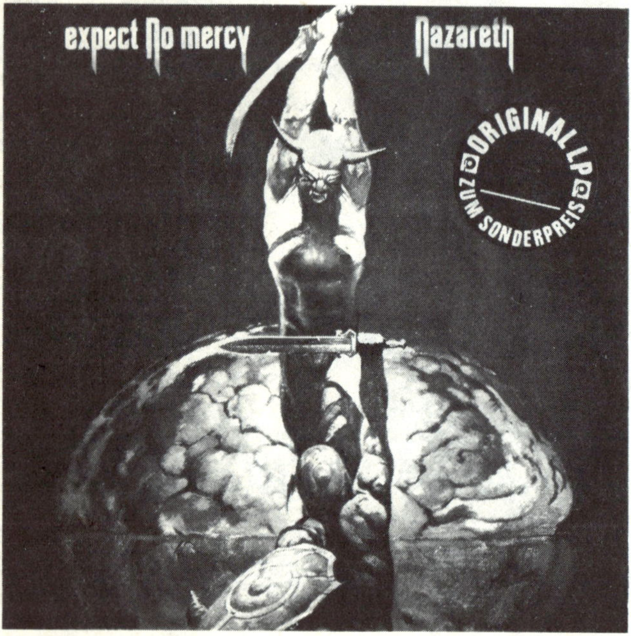

Plattenhülle von Nazareth – „Expect no Mercy" (1977). Es geht kaum deutlicher.

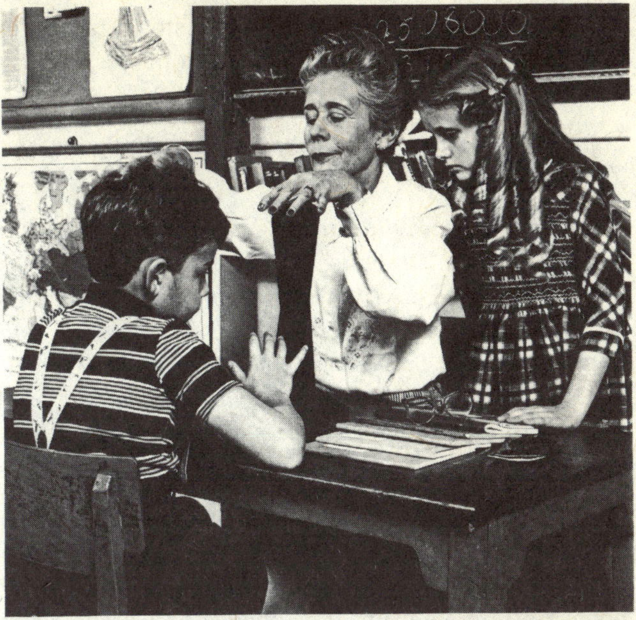

Led Zeppelins Album „Presence" (1976) zeigt einen schwarzen Obelisk, der die magische Kraft symbolisiert, die für den Erfolg der Gruppe verantwortlich sein soll. Auf der Rückseite der LP sieht man, wie eine Lehrerin die magische, dämonische Energie des Obelisken durch Handauflegen auf einen ihrer Schüler überträgt.

Wenn Finsternis die Sinne blenden will

Viele christliche Leser werden wahrscheinlich jetzt denselben Eindruck haben, wie ich ihn hatte, während ich die Informationen für dieses Buch zusammenstellte. Von der Last der Fakten und Zusammenhänge war ich nicht wenig bedrückt. Die Beschäftigung mit dieser finsteren Thematik zerrte an meinen Nerven, und ich drohte angesichts der geballten Macht der dämonischen Kräfte, die ich erkennen mußte, zu resignieren.

Dann aber las ich eines Abends Psalm 46, wo es mit Zuversicht heißt:

„Gott ist unsere Zuflucht und Stärke, als Beistand in Nöten reichlich zu finden. Darum fürchten wir uns nicht, wenn auch die Erde erbebte und die Berge mitten ins Meer wankten. Mögen seine Wasser toben und schäumen, die Berge erbeben durch sein Aufbäumen! . . . Der HERR der Heerscharen ist mit uns, eine Festung ist uns der Gott Jakobs.“ (Psalm 46,2-4.8)

Gottes Macht ist und bleibt stärker als alle Anstrengungen Satans. Leider begehen wir leicht den Fehler, daß wir unsere Sinne so sehr mit negativen und finsteren Dingen in Beschlag nehmen lassen, so daß wir nur noch Finsternis um uns her sehen, und uns die Kraft und die Freude schwinden wollen. Das ist genau die Absicht des Teufels, der mit der gleichen Taktik vorgeht wie die Schlange, die durch ihren Blick ihre Beute hypnotisiert und lähmt, um sie dann bequem zu ergreifen. Was sollen wir nun tun, wenn wir uns nicht von Satans Machtdemonstration fesseln und lähmen lassen wollen?

Die Antwort gibt uns Hebräer 12,1.2: Wer Jesus nachfolgen will, wird hier dazu ermuntert, *jede Bürde und die leicht umstrickende Sünde abzulegen und den Wettlauf des Glaubens zu laufen, „indem wir hinschauen auf Jesus, den Anfänger und Vollender des Glaubens*“.

Das griechische Wort *„aphhorōntes*“, das hier mit „hinschauen“ übersetzt wurde, ist eigentlich wörtlich zu übersetzen mit *„wegschauend (von allem anderen) – auf Jesus hin"*. Bei aller Konfrontation mit Satans Macht ist es unerläßlich, von Satan wegzuschauen, uns nicht von seinen Blicken bannen zu lassen, sondern ganz bewußt auf Jesus hinzuschauen. Es ist ganz sicher nicht sinnlos, um die Munition zu wissen, die der Teufel zu verschießen hat, um so auch andere davor warnen zu können. Falsch ist es aber, seinen Blick von dem Herrn Jesus zu lösen und sich stattdessen von dem Waffenarsenal des Teufels blenden zu lassen.

In Jesus Christus sind *„alle Schätze der Weisheit und der Erkenntnis verborgen"* (Kol. 2,3), *„in ihm wohnt die ganze Fülle der Gottheit leibhaftig"* (2,9). Diese Schätze bleiben für den verborgen, der nicht gewillt ist, in die Nachfolge Jesu zu treten und ihm zu dienen. *„In ihm seid ihr zur Fülle gebracht"*, versicherte Paulus den Christen in Kolossä (2,10). Wollen wir uns nicht ebenfalls zu dieser Fülle bringen lassen?

Highway to Hell

Heavy Metal und Black Metal

Sehr auffällig ist die Erscheinung, daß fast alle Bands, die frei und offen mit Okkultem agieren, zur Hardrock- bzw. Heavy Metal-Branche zählen. Sogar die Zeitschrift „Newsweek" sprach am 21. November 1983 ganz deutlich von „satanic images" und „demonic overtones" (dämonischen Obertönen) der extremeren Heavy Metal-Bands, die in Amerika zu Protesten christlicher Gruppierungen geführt haben.

Wenn der Musikwissenschaftler Tibor Kneif den Hardrock als *„eine Musik des ästhetisch verklärten Terrors"* charakterisiert, *„der sein Opfer mit der Seelenkenntnis des behandelnden Psychiaters immer wieder ins Schaudern zu versetzen weiß"*[1], so scheint diese Eigenschaft harte Rockmusik in der Tat zu einem geeigneten Transportmittel für Inhalte – sprich Satanisches und Dämonisches – zu machen, die einem den Schauer den Rücken herunterlaufen lassen. So meinte bezeichnenderweise auch der *Black Sabbath*–Bassist Geezer Butler, daß „zu schwerer Musik am besten schwere Texte passen", womit er okkultorientierte Texte meinte.

Als Grundzug des Heavy Rock nennt Tibor Kneif die *„Zelebration von Gewalt"*[2], ein Phänomen, das sich schon immer gerne mit lautstarker Rebellion gegen christliche Ideale und Werte verbündete. Die Zeit, in der sich die „Rock'n'Roll-Rebellen" auf das Propagieren von freiem Sex, Drogen und obszönen Redewendungen beschränkten, ist vorbei – nun sind Hölle und Satan angesagt.

Etwa seit Beginn der achtziger Jahre hat sich eine neue Generation des Heavy Metal formiert, zu der eine ganze Reihe von Bands zu zählen sind, die sich in enger Anlehnung an die frühen *Black Sabbath* mit einer Aura des Bösen umgeben, in ihren Liedern den Teufel beschwören und – zumindest für die Presse – bei Schwarzen Messen Pose stehen. Viele der Plattenhüllen würden in ein Horror-Kabinett passen.

Der Sänger einer dieser Bands, die sich gar den Namen „*Satan*" zugelegt hat, sagte: *„Wir wollten der Band von vornherein ein dämonisches Image geben, und was paßt besser zum Heavy Metal als der Teufel?! Als junge Kids fuhren wir alle wahnsinnig auf Black Sabbath ab, und im Grunde wollen wir heute wie unsere Idole von einst spielen, nur halt etwas härter."*[3]

Um welche Themen die neueren Heavy Metal-Gruppen kreisen, macht die folgende Auswahl an LP-Titeln deutlich, die Schlimmes erahnen lassen: „Shout at the Devil" (*Mötley Crüe*), „Night of the Demon" (*Demon*), „Fire from Hell" (*Mass*), „See You in Hell" (*Crossfire, Grim Reaper*), „Give 'em Hell" (*Witchfynde*) und „Friends of Hell" (*Witchfinder General*).

Die Titel der Songs reichen dementsprechend von „The Antichrist" und „Black Magic" über „Signs of Satan" bis hin zu dem blasphemischen Titel „God Bless the Children of the Beast" von *Mötley Crüe*.

Keine der genannten Bands wird aber der höllischen Gruppe *Venom* das Wasser reichen können. „Venom" heißt übersetzt „Schlangengift", und die drei Musiker mit den Namen Cronos, Mantas und Abaddon machen diesem Namen alle Ehre, indem sie mit großem Eifer massenweise Gift des Teufels, der „alten Schlange" (Offb. 20,2) versprühen.

Ein Heavy Metal-Magazin berichtet: „Musikalisch haben sich *Venom* mit Leib und Seele dem *Black Metal* verschrieben, einer extremen und härteren Form des Heavy Metal und sind kaum noch mit Gruppen wie etwa *Accept, Judas Priest* oder *Ozzy Osbourne* zu vergleichen. Zwar haben *Black Sabbath* 1970 als erste Band angefangen, allerlei okkultische, magische und spiritistische Themen in einigen Songs zu verarbeiten; keiner treibt den schwarzen Okkultismus jedoch so weit wie *Venom,* was sich z. B. in den Songtexten ausdrückt, die fast ausschließlich von Satan, Hölle, Tod und Teufel handeln."[4]

Songtitel wie „Sons of Satan", „Seven Gates of Hell" und „Leave Me in Hell" vermögen diesen Eindruck ebenso zu unterstreichen wie die Titel der drei *Venom*-LP's: „Welcome to Hell", „Black Metal" und „At War with Satan".

Auf der Bühne wissen *Venom* ein wahres „Satanic Metal"–Inferno zu entfesseln, das einer Schwarzen Messe gleicht und von zahlreichen bombenartigen Explosionen durchsetzt ist. In Interviews machen die Bandmitglieder auch keinen Hehl daraus, daß sie sich als „Lord Satans linke Hand auf Erden" verstehen.[5]

„*Venom*, das ist keine Heavy Metal-Musik mehr, das ist fast schon wie ein Kult", so hat ein Heavy Metal-

Freak jene Band gekennzeichnet, deren deutscher Fanclub sich inzwischen vor Leserpost kaum noch retten kann.

Obwohl die drei Höllenrocker auf dem Gebiet des Okkulten und Dämonischen beachtliche Kenntnisse besitzen, behaupten sie, selbst keine Teufelsanbeter zu sein – im Gegensatz etwa zu *King Diamond,* dem Chef der Heavy Metal-Band *Mercyful Fate*. Mit Liedern wie „Black Funeral" („Schwarzes Begräbnis") und „Black Masses" („Schwarze Messen") sowie durch kultische Bühnenrituale, deren Hauptrequisiten aus Blut, Knochen und einem Altar bestehen, beschwören Mercyful Fate das Böse.

Von einem ihrer Konzerte weiß ein Rockmagazin zu berichten: „‚Straight from Hell' – King Diamond! Zehntausend Fäuste wurden in die Luft gerissen, um Satans Sohn zu begrüßen! Die Menge tobte; jedes Stück wurde mitgegröhlt, und so lieferten *Mercyful Fate* dann auch eine Wahnsinns-Show . . ."[6]

Bei einem Interview mit dem Kopf der Band, dem Sänger *King Diamond,* konstatierte der Fragesteller:[7] „Eure Texte und Show sind extrem satanisch! Du machst privat einen viel zivileren Eindruck."
Antwort: „*Eigentlich bin ich privat der gleiche Typ wie auf der Bühne,* ich interessiere mich sehr für den Satanismus. In meiner Wohnung sammle ich Kreuze und Reliquien, die ich aus Kirchen gestohlen habe. Die meisten Leute denken, wenn sie was von Schwarzen Messen oder Beschwörungen hören, gleich an Opferung von kleinen Kindern oder andere Menschentötungen, wie die Medien es breittreten. Dies sind aber Extreme, die Leute wollen nicht verstehen, daß

Babies geopfert werden, weil ihr Blut das Unschuldigste und Reinste ist, was es gibt."
Frage: „Hast du wegen deiner exzessiven Darstellung in deiner Musik schon mal Ärger mit der Kirche gehabt?"
Antwort: „Ärger kann man nicht sagen, ich bin mal zu einer Radio-Diskussion mit Priestern und anderen Glaubensanhängern eingeladen worden. Die wollten mir zuerst massiv ans Leder, mußten aber hinterher klein beigeben, weil mein gesammeltes Wissen über diese Dinge einfach zu fundiert ist."

Viele Gruppen sind offenbar der Auffassung, satanische Obertöne fänden beim Publikum Anklang und wirkten damit verkaufsfördernd für Platten und Konzerte. Für einen Teil dieser Bands bedeutet dies mehr oder weniger Jux und Spielerei mit dem Okkulten, für andere Bands steckt jedoch blutiger Ernst dahinter. So kommt es in der Rockszene zu einer Verflechtung und einem bunten Miteinander von Gruppen, die wirklich dem Satanskult und Okkultismus verfallen sind, mit solchen, die sich nur den sensationsträchtigen Anschein dieser Dinge geben und wiederum anderen, bei denen sich Showgehabe und Ernst miteinander gemischt haben.

AC/DC steht für . . .?

In diesem Zusammenhang muß die bekannte australische Hardrock-Formation *AC/DC* erwähnt werden, eine Gruppe, die in einigen ihrer Songs mit Themen wie „Hölle" und „Satan" zu spielen weiß. Die Abkürzung „AC/DC" steht im Englischen für „Gleichstrom/

Wechselstrom" und wird im australischen Sprachgebrauch auch als Anspielung auf Bisexualität verwendet. Die Beschäftigung der Band mit finsteren Themen ließ bezüglich der Bedeutung der Abkürzung AC/DC jedoch noch eine andere Vermutung aufkommen. So sagt ein Rockautor: „*Ich habe die Hardrockgruppe AC/DC gewählt, weil diese Abkürzung ‚Antichrist, death to Christ' (Antichrist, Tod für Christus) bedeutet. Und diese Gruppe singt den Ruhm der Höllenglocken: ‚Hell's Bells'.*"[8]

Der große Durchbruch gelang AC/DC 1979 mit der LP „Highway to Hell", mit deren gleichnahmigem Titelsong die Band eine internationale Hymne schuf, die noch heute für das Heer der Hardrock-Freunde eine Art Glaubensbekenntnis darstellen soll:

Livin' easy, lovin' free
Season ticket on a one way ride
Askin' nothin', leave me be
Takin' everything in my stride
Don't need reason, don't
Need rhyme
Ain't nothin' I would rather do
Goin' down, party time
My friends gonna be there too

I'm on a highway to hell
On a highway to hell
Highway to hell, I'm on a highway
To hell

No stop signs, speedlimit
Nobody's gonna slow me down
Like a wheel, gonna spin it

Nobody's gonna mess me 'round
Hey Satan, payin' my dues
Playin' in a rockin' band
Hey mama, look at me
I'm on my way to the
Promised land, wow

Don't stop me, hey, hey, hey . . .

Yeah, an' I'm goin' down
All the way, wow
On the highway to hell

Leichtes Leben, freie Liebe
Und eine Dauerkarte für eine
Fahrt ohne Wiederkehr
Keine Fragen, laß mich sein
Ich nehme alles mit auf meinem
Weg
Brauch' keine Begründungen,
Keine schönen Sprüche
Es gibt nichts, was ich lieber täte
Als nach da unten zur Party zu gehen
Wo auch meine Feunde sein werden

Ich bin auf dem direkten Weg zur Hölle
Auf dem direkten Weg zur Hölle
Direkten Weg zur Hölle,
Ich bin auf direktem Weg zur Hölle

Keine Stoppschilder, kein
Tempolimit
Niemand, der mich bremsen kann
Wie ein Rad werde ich dahinrasen
Niemand wird mich aufhalten

Hey, Satan, ich zahle meine Schulden

Denn ich spiele in einer Rockband
Hey, Mama, schau mich an
Ich bin auf dem Weg
Ins gelobte Land, wow

Halt mich nicht auf, hey, hey, hey . . .
Yeah, ich geh' den Weg bis zum
Ende, wow
Auf dem direkten Weg zur Hölle

AC/DC – „Highway to Hell" (1979). Mit dieser LP gelang der Band ein kommerzieller Durchbruch.

In diesen einen Song war alles gepackt worden, was für die AC/DC-Musiker Bedeutung hatte. „Rock'n' Roll ist der direkte Weg zur Hölle", bekräftigte auch ihr Gitarrist Angus Young. Wer hätte aber gedacht, daß es mit diesem Lied noch eine ernste Wendung nehmen sollte?

„Halt mich nicht auf, hey, hey, hey . . . Yeah, ich geh' den Weg bis zum Ende, wow, auf dem direkten Weg zur Hölle", hatte der AC/DC-Sänger Bon Scott in die Welt hinausgeschrien. Am 19. Februar 1980 war Bon Scotts Weg tatsächlich zu Ende, er war nach einer durchzechten Nacht an seinem Erbrochenen erstickt. Mit diesem Tod blieb er seiner Lebenseinstellung treu. Bereits 1977 hatte er mit dem Song „Hell ain't a bad Place to be" verkündet: „Die Hölle ist gar kein so übler Ort."

Ein Jugendmagazin kommentierte nach Bon Scotts Tod:

„, I'm on the highway to hell, I'm on the highway to hell' – wie oft mag Bon Scott das in den letzten Monaten gesungen bzw. geschrien haben? Das Cover der gleichnamigen LP protzt mit den Hörnern, die man von Satans-Abbildungen her kennt. ‚Zufall' sagen wir immer dann, wenn wir nicht mehr weiterdenken wollen. Meiner Meinung nach zeigt Bon Scott's Tod einmal mehr: *Der Teufel, die Hölle ist kein Spielzeug. Je bedenkenloser ich damit umgehe, desto schneller werde ich zum Spielball dieser Wirklichkeiten . . .*"[9]

Wer jedoch gemeint hätte, AC/DC würde angesichts Bon Scotts unschönen Todes hinsichtlich des Themas „Hölle" einige Gänge zurückschalten, sah sich getäuscht. Stattdessen legte AC/DC mit dem Song

„Hell's Bells“ („Höllenglocken“) noch einen Gang zu, indem ihr neuer Sänger Brian Johnson im Namen Satans gar verkündigte:

„Ich bin ein rollender Donner, strömender Regen, ich komm' daher wie ein Wirbelsturm. Mein Blitz zuckt über den Himmel, du bist zwar noch jung, aber du mußt sterben.“

Eine makabre Anspielung auf Bon Scotts Tod? Kaum noch als schwarzer Humor ist es zu bezeichnen, wenn der Song mit folgenden Worten fortfährt: *„Ich mach' keine Gefangenen, schone kein Leben, niemand läßt sich einen Kampf entgehen. Ich hab' meine Glocke, ich bring' dich in die Hölle, ich krieg' dich schon, Satan kriegt dich.“*

Bald wurde der Protest bekennender Christen laut, die auf das schaurige Spiel hinwiesen, das die Gruppe mit sich selbst und ihren Fans treibt. Darüber entrüstete sich AC/DC-Sänger Brian Johnson:

„Diese dämlichen Typen, die immer auf Gott 'rumreiten, reden öfter vom Teufel als wir . . . Was wir machen, ist doch nur Spaß . . . Also uns treiben keine satanischen Botschaften, wir müssen eben nur eine Zeile finden, die sich auf die besch . . . nächste reimt.“[10]

Tausende von Fans haben „Highway to Hell“ auf Konzerten begeistert mitgesungen. Was geht in den Jugendlichen vor, die sich damit brüsten und schreien: *„Ich bin auf dem direkten Weg zur Hölle . . . Halt mich nicht auf, hey, hey, hey . . . Yeah, ich geh' den Weg bis zum Ende, wow, auf dem direkten Weg zur Hölle“*?

Viele werden den Song gedankenlos mitsingen, ihnen kommt der Inhalt der Worte nicht zu Bewußtsein; für andere ist das Lied jedoch eine Hymne auf ihre eigene Lebenseinstellung. Hat die Bibel unrecht, wenn sie sagt: „*Es ist keine Furcht Gottes vor ihren Augen*" (Röm. 3,18)?

Die Hölle ist kein angenehmer Ort, wie manche Rockgruppen propagieren wollen. Vielmehr ist die Hölle der Strafort der Verdammten. Sie ist der Feuerofen, wo Heulen und Zähneklappern sein wird (Matth. 13, 43.50), das ewige Feuer (Matth. 3, 12), wo ihr Wurm nicht stirbt und ihr Feuer nicht verlischt (Mark. 9, 43.44), die ewige Pein (Matth. 25,46). Alle Aussagen der Bibel über die Hölle sprechen in einem furchtbaren Ernst. Es ist deshalb sehr töricht, mit der Hölle leichtfertig zu spielen und Scherz damit zu treiben.

Es ist den Menschen bestimmt, „*einmal zu sterben, danach aber das Gericht*" (Hebr. 9,27) – spätestens dann werden vor Gott auch alle Lästermäuler verstummen. „*Wer kann bestehen vor seinem Grimm, und wer widersteht der Glut seines Zorns? Sein Grimm ergießt sich wie ein Feuer, und Felsen stürzen vor ihm hin*" (Nahum 1,6).

Gott will jedoch nicht das Verderben des Menschen, sondern seine Rettung: „*So wahr ich lebe, spricht Gott, der HERR, ich habe kein Gefallen am Tode des Gottlosen, sondern daran, daß der Gottlose sich abwende von seinem Wege und lebe! . . . Warum wollt ihr sterben . . .?*" (Hes. 33,11)

Einmal wird Gott alle Gottlosen zur Rechenschaft ziehen und richten. Aber heute fordert Er noch alle auf, Seinen Sohn Jesus Christus als Erretter und Herrn für ihr Leben anzunehmen. *Für alle, die sich noch auf dem „direkten Weg zur Hölle" befinden, ist dies die einzige und rettende Ausfahrt.*

Verharmlosung oder Übertreibung?

Bei Nachforschungen, die den finsteren Bereich des Okkultismus in der Rockszene betreffen, stößt man regelmäßig auf folgende drei Probleme:

1. *Verschwiegenheit und Geheimhaltung*

   Es liegt in der Natur esoterischer und okkulter Aktivitäten begründet, daß die darin Verwickelten in hohem Maße an einer Geheimhaltung gegenüber der Öffentlichkeit interessiert sind. Geheime Okkultlogen pflegen sich mit einer Mauer des Schweigens zu umgeben; wer unbefugt in ihre Geheimnisse einzudringen wagt, oder wer dem Okkultzirkel abtrünnig wird, kann sich seines Lebens nicht mehr sicher sein. Aus diesen Umständen kann eine hohe Dunkelziffer okkult aktiver Musiker und Rockbands resultieren.

2. *Skrupellose Werbung*

   Auf der anderen Seite wird jedoch heute mehr denn je mit Magie und Okkultismus geworben und Geld gemacht. Das rapide anwachsende okkulte Interesse, die „okkulte Explosion“ wird von Geschäftemachern in skrupelloser Manier finanziell ausgeschlachtet. Man muß bedenken, daß hinter den Rockbands, die einen Schallplattenvertrag haben, wirtschaftliche Unternehmen stehen, denen fast alle

Mittel der Werbung (sogar mit Okkultem!) recht sind, um für „klingende Münze“ in Form von Plattenverkäufen, Konzerten usw. zu sorgen. Dies wird durch eine sensationslüsterne Rockpresse zusätzlich gefördert.

3. *Neugierde oder die Hoffnung auf den Erfolg*

Nicht zuletzt können die Musiker und Bands selbst, scheinbar „zum Spaß“, mit dem Okkulten flirten, wobei beispielsweise oftmals Neugierde oder die Hoffnung, auf diese Weise größeren Erfolg zu erzielen, als Motive wirken.

Mit dem Hinweis auf das unter Punkt 2 und 3 Angesprochene bekommt man manchmal heftigen Widerstand zu spüren. Die Kritiker wenden ein, die Beurteilung der okkulten Materie in der Rockszenerie durch meine Kollegen und mich sei übertrieben oder ganz einfach gegenstandslos, weil die „okkulten“ Gruppen das, was sie spielen und dem Publikum vormachen, ja selbst nicht ernstnehmen würden, alles nur ein Werbegag sei, usw. . . . Es kommt selbst zu Entgegnungen folgender Art – hier als Antwort auf ein Verteilblatt über die Gruppe AC/DC (anonymer Brief):

„. . . Daß es Leute gibt, die so einen Mist schreiben können, nur um neue Sektenmitglieder zu haben, denn das, was sie schreiben, ist ja erfunden, denn jedes Kind weiß ja, daß die AC/DC ja nur singen und es nicht so meinen, und am Tode des Bon Scott sind sie ja nicht schuld. Wir glauben auch an Gott, und Gott weiß, daß das ihr Stil ist, und sie das nicht so meinen. Vielleicht sind solche Leute, die so einen Mist erzählen, eher in der Hölle als wir.“

Aufgrund dieser ernstzunehmenden Kritikpunkte erwies sich der Versuch einer differenzierenden Beurteilung derjenigen Rockgruppen, bei denen Verbindungen zum Okkultismus erkennbar sind, als unerläßlich. Aus einer gründlichen Analyse der Problematik folgt dann eine schwerwiegende These:

Einwände, die a) darauf hinauslaufen, eine Rockgruppe sei harmlos, weil sie z.B. nur als werbewirksames Mittel mit dem Okkulten flirte (und es ja gar nicht so meine), oder b) daß man sich selbst mit gutem Gewissen „Okkultrock" anhöre, „selbstverständlich nicht, um Satan anzubeten", sondern wegen des „Super-Sounds" der Gruppe – diese Einwände oder Entschuldigungen werte ich aus folgenden Gründen als reine Ablenkungsmanöver:

1. Daß es Gruppen gibt, die sich ein okkultes Image zugelegt haben, um damit Geld zu machen, ist bekannt. Ob dieses Kokettieren mit okkulten Dingen den Erfolg einer Band nun tatsächlich vergrößert oder nicht – die Musiker liefern Satan auf diese Weise jedenfalls eine offene Tür, die er beliebig zu benutzen vermag. Mit anderen Worten: Satan ist es egal, *wer* für ihn die Werbetrommel rührt. Es ist belanglos, ob eine Band aus Überzeugung oder nur „zum Spaß" okkulte Dinge propagiert – in beiden Fällen werden Menschen verführt. Über die Folgen schreibt Rockwell: „Kinder und Heranwachsende akzeptieren und praktizieren immer mehr Satansanbetung, Hexerei, Zauberkulte, Zauberformeln, phantastische kultische Handlungen, Astrologie und unterwerfen sich Satanspriestern, Hexen und Wahrsagern."[1]

2. Rockgruppen, die mit dem Okkulten spielen, öffnen sich damit automatisch satanischen Mächten und laufen Gefahr, daß sich der ursprüngliche „Spaß“ schneller mit teuflischem Ernst verbindet, als ihnen lieb sein kann. Satan nimmt okkulte „Spielereien“ ernst: Mit Schrecken muß man immer wieder feststellen, daß er jede Hand, die sich ihm entgegenstreckt, früher oder später in einen stählernen Griff nimmt und nicht wieder losläßt. Wer ins Feuer greift, der verbrennt sich – ob er nun an die verzehrende Kraft des Feuers glaubt oder nicht, das ist hier ohne Belang. So belegen zahllose Fälle, daß die aktive Beteiligung an der Welt des Okkulten niemals folgenlos bleibt. „Aber ich machte es nur zum Spaß, aus Neugierde“, werden manche sagen. Erfahrene Seelsorger können bei solchen Äußerungen nur den Kopf schütteln! Einer drückte es so aus: „Deine Chancen stehen günstiger, eine Klapperschlange als Haustier zu halten, als dich mit okkulten Praktiken einzulassen.“

   Meine persönlichen Erfahrungen gebe ich mit den Worten des Autors Dennis Wheatley wieder, der feststellen mußte:

   „Meine eigenen Wahrnehmungen haben mich zu der absoluten Überzeugung gebracht, daß die Beteiligung an der Welt des Okkultismus Gefahren sehr realer Natur mit sich bringt.“

3. Hat sich ein Rockmusiker tatsächlich dämonischen Geistern geöffnet und einen oder mehrere Begleitgeister erhalten, so bleiben diese ständig in dessen Nähe und machen ihn zum Träger geheimnisvoller Kräfte, okkulter „Energien“. Mittels diesen dämonischen Energien ist der Musiker in der Lage, das

Unterbewußtsein seiner „Opfer“ auf medialer Ebene anzusprechen, so daß diese Kräfte in das Unterbewußtsein einströmen können.

Voraussetzung hierfür ist die Entfernung der aktiven Bewußtseinsschwelle des Menschen, dessen Geist dadurch für das geöffnet wird, was hineingehen soll und will. Durch völliges Ausschalten des Willens und der bewußten Sinnestätigkeit („Passivität“) wird allen fremden Geistern die Tür zum Unterbewußtsein geöffnet. Ein aktiver Verstand ist ein Hindernis für das Wirken von Dämonen. Aus diesem Grunde ist es eines ihrer höchsten Ziele, den Verstand des Menschen in einen Zustand der Leere zu bringen, d.h. ein Vakuum zu schaffen, in das sie dann selbst eindringen können. So ist es nicht ungefährlich, die Möglichkeit zu unterschätzen, daß der menschliche Geist durch okkulte Kräfte beeinflußt werden kann. Mit gutem Grund gilt für einen Christen die Aufforderung: *„Seid nüchtern, wacht! Euer Widersacher, der Teufel, geht umher wie ein brüllender Löwe und sucht, wen er verschlingen könne.“* (1. Petr. 5,8)

Ein ehemaliger Satanist bezeugte, daß die Gruppe *Pink Floyd* während eines ihrer Konzerte den anwesenden Satanisten auf medialer Ebene mitgeteilt habe, die Musiker seien welche „von den Ihrigen“.

Der berühmte Gitarrist Jimi Hendrix war vor seinem Tode tief im Spiritismus verstrickt. Er gab zu, Visionen zu haben und mit Geistern zu verkehren und daß er beim Woodstock-Festival im August 1969 den Himmel voller UFOs gesehen habe.[2] Er offenbarte einmal: *„Man kann Leute mit Musik hyp-*

notisieren, und wenn man die Leute so an der schwächsten Stelle trifft, können wir in ihr Unterbewußtsein alles das predigen, was wir sagen wollen . . . Die Musik flutet aus der Luft; deshalb kann ich mit einem Geist Verbindung aufnehmen.“[3]

Welche Rolle spielt die Musik?

Wir haben nun einen weiteren wichtigen Punkt zu beachten: Musik kann die Fähigkeit besitzen, übersinnliche Erfahrungen herbeizuführen. Die okkulten und schwarzen Künste wie auch verschiedene Religionen wissen um diesen Sachverhalt. Sie benutzen darum bewußt bestimmte Formen der Musik, um Trance-Zustände zu erzeugen oder eine Atmosphäre herbeizuführen, die das Wirken dämonischer Geister erleichtert. Ich habe persönlich den Eindruck gewonnen, daß diese Problematik im allgemeinen verharmlost und das hier liegende Gefahrenpotential vollkommen unterschätzt wird.

Im Wissen um die Existenz einer Verbindung zwischen okkulten Phänomenen und Musik bemerkte der Parapsychologe W.F. Bonin folgendes:

„Musik hat offensichtlich einen stimulierenden Effekt, der Parapsychisches begünstigen könnte. Musik kann den Bewußtseinszustand ändern, z.B. zur Trance führen, sie kann aber auch einfach das Auftauchen von ASW-Informationen (‚Außersinnliche Wahrnehmungen') begünstigen.“[1]

Den Nagel direkt auf den Kopf trifft jedoch der Artikel „Rock & Schwarze Magie“ der Musikzeitschrift „Spotlight“ (11/1978):

„Um die Verbindung zu verstehen, die zwischen Musik und Okkultismus besteht, müssen wir einen Blick in die Vergangenheit werfen. Einen Blick zurück in die Zeit, in der die Hexendoktoren (oder Schamanen) erfahren und lernen mußten, daß in der Musik eine Kraft liegt, die Verhaltensweisen hervorrufen kann, die auf natürliche, also begreifliche Art nicht zu erklären waren.

Erkannt, aber nicht erklärt werden konnten diese Dinge schon lange, und nicht erst Shakespeare mußte sagen: ‚Musik kann gar Bestien besänftigen!' Daß erkennende und nachdenkende Menschen darauf kamen, daß man mit Musik auch das Gegenteil hervorrufen kann, also Stimmungen im Menschen zu verändern – *das ist es, was Magie, was Okkultismus will, was mit diesen Mitteln bezweckt wird.*“

Der Griff nach dem Gehirn

Die Absicht der Schamanen und vieler anderer Okkultisten ist es, Menschen in Trance zu versetzen. Dabei handelt es sich um einen veränderten Bewußtseinszustand, in dem der Mensch nicht mehr die vollständige Kontrolle über sich selbst hat und ein fremder Geist die teilweise oder vollständige Kontrolle über Gehirn und Körper des Menschen übernehmen kann. Wie hat man sich diesen Vorgang vorzustellen? Der berühmte Gehirnforscher und Nobelpreisträger Sir John Eccles hat *das menschliche Gehirn als eine „Maschine“ bezeichnet, die generell durch einen Geist – gleich welcher Art – betätigt werden kann.*

Eccles steht nicht allein da: In genau die gleiche Richtung weisen auch neuere Arbeiten seiner Fachkollegen Wilder Penfield und Roger Sperry, deren Ergebnisse die materialistische Auffassung widerlegen, nach der die gesamten seelisch-geistigen Leistungen bloße Funktionen des Gehirns waren, die mit diesem entstanden und vergingen.

Das Gehirn verhält sich zum Geist wie das Instrument zum Spieler. Natürlich kann dieser nicht spielen, wenn das Musikinstrument entzwei geht, aber er selber ist nicht das Instrument und auch keine Funktion desselben, sondern sein Lenker und sein Herr.

Grundsätzlich kann dieses Instrument aber auch von einem anderen Spieler bedient werden, sofern es diesem gelingt, den rechtmäßigen Spieler „kaltzustellen". *„Normalerweise ist meine Persönlichkeit der ‚Geist', der mein Gehirn bedient"*, führt der bekannte Schriftsteller Dave Hunt aus, *„aber wenn ich mich in einen veränderten Bewußtseinszustand begebe, die ein Spiritist oder Meditationslehrer eine kosmische Kraft nennt oder ein Medium als einen Geist bezeichnet, dann hindert nichts diesen neuen ‚Geist', mein Gehirn zu steuern und darin Erlebnisse hervorzurufen, die mir zwar sehr real vorkommen, in Wirklichkeit aber gar nicht stattfinden."*[2]

Im Zustand der Trance ist der menschliche Geist lahmgelegt. Trance ist damit die grundsätzliche Voraussetzung für das Phänomen der „Besessenheit" durch einen fremden Geist. Dadurch wird eine Person zu Verhaltensweisen befähigt, die ihr im Normalzustand völlig unmöglich wären.

Häufig vollführen in Trance befindliche Personen

auch aggressive oder sexuelle Handlungen, die ihnen im Normalzustand nicht möglich wären und die der handelnden Person selbst unverständlich sind. Trance ist für den Okkultisten einerseits ein Bewußtseinszustand, den er zu erreichen sucht, um selbst paranormaler Fähigkeiten, „Energien", teilhaftig zu werden. Andererseits ist Trance aber auch ein Zustand, in den der Okkultist seine „Opfer" bringen will, um ihnen seinen eigenen Willen aufzwingen zu können – in Trance ist jeder Mensch psychisch wehrlos und daher hochgradig beeinflußbar.

Für Schamanen und spiritistische Medien ist die Fähigkeit, sich oft und ohne größere Schwierigkeiten in Trance versetzen zu können und besessen zu werden, eine der wichtigsten Grundvoraussetzungen. Häufig kommt noch eine von vornherein bestehende ‚mediale Veranlagung' des Schamanen oder des Mediums hinzu. In diesem Fall ist es der betreffenden Person ein leichtes, sich in Trance zu versetzen und gewohnheitsmäßig veränderte Bewußtseinszustände herbeizuführen.

Die Unterschiede der Trance-Zustände sind graduell und reichen von der leichten Trance (bei der Erinnerungen bleiben) bis zur Volltrance, die von Amnesie (Gedächtnisschwund) gefolgt ist. W.F. Bonin, der die Trance als den „psycho-physiologischen Zustand" definiert hat, „der Voraussetzung einer paranormalen Manifestation ist", führt folgende Ursachen an: Hypnose, Mediumismus, Drogen, Musik, Tanz, physische Traumata, Atemtechniken, Autosuggestion.[3]

Der Satanist Aleister Crowley schlug folgende, wirksame Methoden vor, um die Menschen in ekstatische Zustände und in Trance zu versetzen:

Aleister Crowley

1. eine auf Wiederholung und Rhythmus basierende Musik;
2. die Droge;
3. eine besondere Form sexueller Magie.

Crowley hat heute mehr Jünger als zu Lebzeiten: So propagierte der Rockmusiker Ian Dury das Crowleysche Rezept in einem seiner Songs: *„Sex and Drugs and Rock'n-'Roll is all your body needs!"* – welches auch das Lebensmotto vieler seiner Berufskollegen ist!

Trance, Ekstase und Besessenheit

Die große Rolle der auf Wiederholung und Rhythmus basierenden, monotonen Musik, die bei rituellen Dämonenbeschwörungen, Besessenheitskulten und mannigfachen anderen heidnischen Kulten dazu verwendet wird, eine die dämonische Kontrolle erleichternde Umgebung zu schaffen, Trance und Ekstase zu erzeugen, tritt immer wieder deutlich hervor. Auch moderne Hexenringe pflegen bestimmte Melodien und Rhythmen zu benutzen, um bei den Beteiligten einen veränderten Bewußtseinszustand zu erzeugen.

Im brasilianischen Spiritismus werden die Sitzungen

meist unter Tänzen, wildem Trommelwirbel und Gesang durchgeführt. Dies alles steigert sich bis zur Ekstase. Die Beteiligten werden von Geistern besessen und fallen dabei in krampfartige Zuckungen und Verrenkungen. Man richtet dann an die Geister jeweils Fragen und empfängt mittels des Mediums Antworten.

Gerhard Bergmann beschrieb die Gottesdienst-Praktiken des brasilianischen Umbanda-Kults, dem er auf seinen Vortragsreisen begegnet war: „Mit dem Gottesdienst verbinden sich kultische Tänze. Auf Trommeln wird der Takt geschlagen. Die Bewegungen des Tanzes steigern sich. Anfangs waren es nur Tanzschritte, dann aber steigert sich der Tanz allmählich bis hin zu wilden Tanzbewegungen. Dabei ist die Ausdauer erstaunlich. Bis zu drei Stunden sind die Regel – und dies ohne Unterbrechung. Die Folge: Immer mehr geraten in Tanzekstase und in Teil- und Volltrance. Die Ausübung dieses Kultes hat zum Ziel, mediale Fähigkeiten zu bekommen bzw. zu entwickeln. Praktisch kommen diese Gottesdienste weithin spiritistischen Sitzungen gleich."[4]

Beim balinesischen Ketjak-Tanz, der eine Episode aus dem Leben des Hindugottes Rama erzählt, geraten die Dorfbewohner – hypnotisiert von den eigenen Bewegungen und Gesängen – in religiöse Verzückung, die durch tranceartige Zustände und ungeheure Behendigkeit gekennzeichnet ist. Der Trancezustand ermöglicht den Tanzenden die Ausführung schneller und komplizierter Bewegungen, ohne sich zu irren oder Erschöpfung zu zeigen. Bei Rockkonzerten sind ähnliche Phänomene zu beobachten, wenn Jugendliche in ekstatischen Tänzen unermüdlich Bewegungen ausführen, die sie unter normalen Umständen schnell erschöpfen würden.

Totenbeschwörer einiger asiatischer Völker beschwören ihre „Götter" (die in Wirklichkeit Dämonen sind), indem sie ihre Haare lösen und unter monotonem Getrommel den Kopf so lange schütteln, bis ihnen schwindlig wird und der Verstand völlig außer Funktion gerät. In diesem Stadium beginnt sich der Mund unbewußt zu bewegen, der Körper fängt allmählich an zu zittern, und ihr „Gott" kommt auf sie herab. Endresultat ist ein Zustand dämonischer Besessenheit.

Vom Prinzip die gleiche Technik begegnet uns in Form des sogenannten „Head–Bangings" vieler Hardrock-Fans. Daß dies auch unter medizinischen Aspekten nicht ungefährlich ist, belegen Zeitungsmeldungen wie die folgende:

„Ein englischer Rock-Fan starb nach zuviel ‚Kopfschütteln'

dpa London. Ein englischer Teenager ist angeblich gestorben, weil er bei einem Konzert mit ‚Heavy-Metal-Rockmusik' seinen Kopf zu heftig im Rhythmus geschüttelt hatte. Die Todesursache sei jetzt von einem Pathologen gerichtlich bezeugt worden, berichteten am Wochenende britische Zeitungen. Das ‚Head-Banging' ist bei vielen jugendlichen Hardrock-Fans üblich und gilt als Tanz.

Der 15jährige hatte Zeugenaussagen zufolge vor seinem Tod etwa drei Stunden lang seinen Kopf zum

Takt der lauten Tonkulisse zuckend hin- und herbewegt. Am nächsten Tag war er plötzlich auf einer Seite gelähmt und konnte nicht mehr sprechen. Die Ärzte stellten einen Bluterguß im Gehirn fest. Acht Tage später starb der Junge.“[5]

Ich behaupte nicht, daß ein „Head-Banger“ bewußt böse Geister ruft, sondern ich will aufzeigen, daß er die Bedingungen für dämonische Besessenheit erfüllt.

Ekstatischer Tanz auf Bali

Im Laufe dieses erregenden Tanzdramas, das man auf der Insel Bali oft sehen kann, verfallen manche Tänzer in ekstatische Raserei und wenden ihre Waffen gegen sich selbst. Ein plötzlicher Wunsch nach Selbstvernichtung und Aufopferung scheint die Tänzer zu ergreifen. Der Wahnsinn beginnt zu herrschen, und dämonische Verzückung versetzt die Tänzer in einen Trancezustand. Ohnmachtsanfälle treten auf, und in einer hektischen Tanzorgie von Verzweiflung und Selbstaufgabe stürzt einer nach dem anderen zu Boden, gänzlich erschöpft, besinnungslos.[6]

Im Hinduismus gibt es ein Selbstverstümmelungs-Ritual („Thaipusam"), wobei die Hindus unter dem stundenlangen, pulsierenden Rhythmus von Trommeln ihre Körper mit Messern, Nadeln, Haken und Speeren durchbohren. Bob Larson berichtet von seinen Beobachtungen in Singapur: „Diejenigen, die sich nicht marterten, schauten zu oder tanzten. Dutzende von Jugendlichen wirbelten wild umher und vollführten die gleichen Gebärden, die ich bereits bei den Tänzen amerikanischer Jugendlicher beobachtet hatte. Der Rhythmus der Musik war in dem gleichen pulsierenden und synkopierten Tempo, wie er auch im Hardrock gebräuchlich ist. Was dort in Singapur geschah, kann genauso bei den meisten Teenager-Tänzen in Amerika beobachtet werden. Plötzlich schrie einer der jungen Leute auf. Sein Körper wurde steif, und er fiel zu Boden, krümmte sich und trat um sich. Es benötigte vier Männer um ihn festzuhalten. Bei den anderen tanzenden Jugendlichen begannen die gleichen Symptome aufzutreten. ‚Was ist hier los?' schrie ich einen dabei stehenden Mann an. ‚Wir tanzen zu dieser Art der Musik, bis der Geist unseres Gottes in uns eintritt', gab er zur Antwort. Mit einem Gefühl der Angst beobachtete ich nun, wie einer nach dem anderen aufschrie und in krampfartigen Zuckungen und Verrenkungen unter dem Einfluß dämonischer Mächte hin- und hergerissen wurde."[7]

Im Hinblick auf den „Rock'n'Roll" spielen in erster Linie die afrikanischen Kulte eine überaus wichtige Rolle. Die „Encyclopaedia Britannica" traf diesbezüglich eine sehr deutliche Feststellung: „Die Besessenheitstänze Afrikas haben die neue Welt erreicht . . . Während dieser Tänze bemächtigt sich eine afrikanische Gottheit des Tanzenden und erzeugt einen wahnsinnigen Tanz, entsprechend dem Charakter des Gottes."[8]

In der Fachzeitschrift „Medizin heute" (8/1982) erschien ein höchst aufschlußreicher Artikel unter dem Titel „Musik als Droge und Umweltschmutz", in dem anhand von Untersuchungen festgestellt wurde:

„Aufjaulende Saitentöne elektronisch verstärkter Gitarren, hektisches Stakkato von Schlagzeugen lassen die Nerven vibrieren, schalten jegliches Denken aus: Beat- und Rockmusiker verwandeln ihre meist jugendliche Zuhörerschaft in eine kreischende Monströsität, Ohnmachtsanfälle werden als Erfolg gewertet."

Der Arzt Dr. E. Knaul ergänzt: *„Die Kontrolle über die Körperfunktionen geht verloren. Ein Zustand der Verzückung mit epilepsieartigen Gliederzuckungen, Heulen, Beißen, Lachen, Einnässen und Zerreißen der Kleider wird als Glücks- und Lusterlebnis empfunden."*

Massenhysterie in einem Rock-Konzert in London. 800 Personen fielen in Ohnmacht.

„Und vielleicht war es auch die Erfahrung der Macht über *Energie*, die die Produzenten dieser *Energie* – oder wie die Medien gerne schrieben, der *Massenhysterie* – dazu brachten, sich um die *Wurzeln dieser Energie* zu kümmern. Vielleicht kamen deshalb die Rockmusiker als erste dem Wunsch und Willen nach, sich Drogen auszuliefern, um mehr zu erfahren, sich Magie und Astrologie zu verschreiben, um die Basis für ihr Denken, ihr Tun zu finden. Denn längst waren sie dem begreifbaren Stadium entwachsen, an dem ihnen noch gelang, das, was sie auslösten, auch zu begreifen. Wer sich noch an frühe Elvis-, Beatles- oder Stones-Interviews erinnern kann, wer noch zurückrufen kann, *wie unbeholfen sie sich der Frage nach dem Warum und Weshalb die-*

ser Hysterien zu entziehen versuchten, der weiß auch, daß sie es damals selbst nicht wußten.“[9]

Bob Larson, der vor seiner Bekehrung zu Jesus Christus selbst aktiver Rockmusiker war, zeigte sich anhand seiner Beobachtungen und Recherchen, die Erschreckendes zu Tage brachten, zutiefst besorgt:

„Satan weiß, daß wenn er in diesen letzten Tagen vor der Wiederkunft Christi wirkungsvoll arbeiten will, er Kontrolle über die Jugend gewinnen muß. Satan benutzt Hardrock, um diese Generation ‚en masse' zu beherrschen. Mit meinen eigenen Augen habe ich Jugendliche gesehen, die beim Tanzen zu Rockmusik von Dämonen besessen wurden. Dies war besonders bei Mädchen beobachtbar. Von einer jungen Dame dürfte man erwarten, daß sie beim Tanzen einigen Anstand bewahrt; ich habe jedoch Teenager-Mädchen beobachtet, die in krampfartige Zuckungen fielen, die nur durch die Manifestation dämonischer Aktivität erklärbar waren. Es gab mir Furcht ins Herz, als ich solche Dinge geschehen sah, während sie zu meiner Musik tanzten.

Ein Dämon ist nicht gezwungen, permanent in einer Person zu verbleiben . . . Wenn sich diese Person aber in die Rhythmen von Rockmusik fallen läßt, vermag der Dämon augenblicklich einzutreten, richtet moralische und geistige Verheerung an und verläßt die Person dann wieder. An Freitag- und Samstagabenden gewinnt der Teufel über tausende junger Leben dämonische Kontrolle.“[10]

Abschließend bleibt zu ergänzen: Überlaute Musik mit einem stetig stampfenden, betäubenden Rhythmus, Duftstoffe, Dunkelheit, abwechselnde Farben und in Blitzen aufleuchtendes Licht, genügend viele Zuschauer, die sich gegenseitig suggestiv beeinflussen – dies sind wesenhafte Kennzeichen von Rock-Konzerten und Discotheken. Bemerkenswert ist, daß es sich hierbei um die gleichen Faktoren handelt, deren man sich auch bei magischen Vorgängen bedient, um die Beteiligten in tranceähnliche Zustände zu versetzen, in denen sie für Suggestionen und Hypnose empfänglich und für das Eindringen dämonischer Geister offen sind. *Rauschzustände und Vernebelung des Denkens gehören zum Instrumentar Satans. In der Bibel geht es um Nüchternheit und Wachsamkeit.*

Die „okkulte Explosion“

„Und die übrigen der Menschen, die durch diese Plagen nicht getötet wurden, taten nicht Buße von den Werken ihrer Hände, nicht mehr anzubeten die Dämonen und die goldenen und die silbernen und die ehernen und die steinernen und die hölzernen Götzenbilder, die weder sehen noch hören noch wandeln können. Und sie taten nicht Buße von ihren Mordtaten, noch von ihren Zaubereien, noch von ihrer Unzucht, noch von ihren Diebstählen.“ (Offb. 9,20.21)

In seiner apokalyptischen Schau zeigt hier der Apostel Johannes das verfinsterte Wesen einer von Gott abgefallenen und von Satan verführten Menschheit, über die die Strafgerichte Gottes hereingebrochen sind. Der Mensch findet mit seinem stolzen und trotzigen Geist keinen Raum mehr zur Umkehr und Buße, er will vor Gott nicht kapitulieren. Dies ist die Endstation der andauernden Mißachtung Gottes und der Auflehnung gegen Ihn.

Für den Zeitraum, der der Wiederkunft Jesu unmittelbar vorausgeht, wird uns dieser *Abfall* klar und deutlich angekündigt (2. Thess. 2,3; Matth. 24, 37-39), er ist verbunden mit einem *Überhandnehmen der Gesetzlosigkeit*, d.h. der *Loslösung von Gottes Ordnungen* (Matth. 24,12). Wenn wir heute in diese

Welt schauen, finden wir, daß diese Entwicklungen längst im Gange sind, auch bei Unzähligen, die sich Christen nennen. Das Zeugnis der gläubigen Christen und das Wirken des Heiligen Geistes hält die endgültige Katastrophe aber zur Zeit noch zurück. Die in Offenbarung 9,20.21 geschilderten Merkmale zeichnen sich in Form ständig zunehmender „Vorbeben" bereits deutlich ab:

Eine zunehmende Verhärtung gegenüber Gott und Seinem Wort ist erkennbar. Der Stolz des Menschen auf seine „Aufgeklärtheit" und seine wissenschaftlichen und philosophischen Errungenschaften blokkiert den Menschen für eine Umkehr zu Gott.

Die Menschen beten stattdessen ihre liebgewordenen Götzen an. *Goldene Götzen:* ihre Wirtschaftsmacht; *eherne Götzen:* ihre Technik und ihr Rüstungspotential; *steinerne Götzen:* ihre imposanten Bauten. Darauf verlassen sie sich, darauf setzen sie ihr Vertrauen.

Unzucht, Diebstahl und Mord sind allgemein üblich und verbreitet. Dies sind die Folgen der überhandnehmenden Gesetzlosigkeit. Unzucht, d.h. vorehelicher und außerehelicher Geschlechtsverkehr, zählt heute vielerorts zu den Kavaliersdelikten. Eine Pornowelle hat uns bereits mit Hilfe der Massenmedien überrollt. Wenn man amerikanischen Zeitungen glauben darf, so wird in den USA bereits alle 23 Minuten ein Mord, alle 75 Sekunden ein Raubüberfall und alle 10 Sekunden ein Einbruch begangen.

Dämonenanbetung und Zaubereien. Unter dem Anbeten der Dämonen ist weit mehr als das Anbeten des Zeitgeistes, der Ideologien und ihrer Idole zu verstehen. Mit Dämonenanbetung und Zaubereien wird vielmehr die okkulte Katastrophe beschrieben, die inzwischen in apokalyptischen Ausmaßen über die Menschheit hereingebrochen ist. Die geschilderte, okkulte Beeinflussung der Rockszene bildet hierbei nur eine Spitze des Eisberges.

Das Interesse an den Geheimwissenschaften wächst unaufhörlich, und die Parapsychologie erfreut sich seit Jahren eines ständig zunehmenden Interesses. In den Vereinigten Staaten bieten mehr als hundert Colleges Kurse in Parapsychologie an. Bücher über Medien mit übernatürlichen Fähigkeiten, über Astrologie, Magie und Hexerei finden immer mehr Leser. Angesichts dieser Fakten stellte Friedrich W. Doucet in seiner „Geschichte der Geheimwissenschaften" folgendes fest:

Inzwischen wenden sich „Millionen Menschen, zumeist der jüngeren Generation, den verschiedenartigsten Sekten zu, deren Glaubensinhalte einen magischen Charakter haben und die den Besitz von magischen Kräften versprechen . . . Alles Unerforschte, Unerklärliche und auch Unheimliche übt gegenwärtig eine ungewöhnliche Faszination aus. Kurzum, wir können neuerdings von einer Okkultismus-Welle sprechen."[1]

Stadelmann schreibt: „Der Okkultismus blüht heute. Das überrascht, denn an sich gibt sich unsere ‚aufgeklärte' Zeit über alles Übersinnliche erhaben. Teufel, Dämonen, Aberglaube und Magie sind Begriffe, die der moderne Mensch scheinbar überwunden hat. Eine rein vernunftgläubige Theologie hat das Ihre dazu getan, Dinge dieser Art als veraltet und unwirklich erscheinen zu lassen."[2]

Die moderne, materialistisch-diesseitig ausgerichtete Theologie war paradoxerweise am Aufblühen des Okkultismus nicht ganz unschuldig, und Os Guinness gelangte sogar zu der Feststellung:

„Das Christentum, welches das Okkulte nicht mehr als existent ansah, verlor seine Mittelstellung zwischen den Skeptikern, die seine Existenz leugneten, und denen, die es voll und ganz akzeptierten. Somit wurde jeder, der nach geistlicher Wirklichkeit suchte und sie in der Kirche nicht finden konnte, zum Okkulten getrieben. Ironischerweise sind Theologen, die sich im Rationalismus ihrer Theologie gleichgültig schlafengelegt haben, die letzten, die an diese Dinge glauben.“[3]

Die okkulte Bedrohung ist jedoch eine furchtbare Realität!

Der Mediziner Dr. Ulrich Senn kommt zu der Feststellung: „In unserem Jahrhundert der ‚okkulten Explosion‘ und ‚dämonischer Invasion‘ ist es der Plan des Teufels, jeden Menschen – gläubig und ungläubig, gebildet und ungebildet – in seiner Geisteswelt dämonisch zu beflecken und zu beherrschen.“

Die „okkulte Explosion“, führt ein bekannter Evangelist aus, „ist ein dämonischer Feuerüberfall, der halbverfallene, christliche Bastionen sturmreif schießen soll. Eine atheistisch gefärbte Theologie sorgt inzwischen für eine geistlich ausgedünnte Zone, die der Okkultismus mühelos Zug um Zug erobern kann. Das ist unsere Situation.“[4]

Angesichts der fortschreitenden, dämonischen Invasion fordert der angesehene Theologe Peter Beyerhaus mit Nachdruck:[5]

1. *Wir dürfen die okkulte Welle in ihren verschiedenartigen Erscheinungen und ihrer satanischen Hintergründigkeit nicht verharmlosen.*
2. *Es gilt, der okkulten Welle größte Wachsamkeit im eigenen geistlichen Leben entgegenzusetzen.*
3. *Angesichts der okkulten Welle werden lebendige Christen ihre Berufung noch gewissenhafter wahrnehmen, sich im geistlichen Kampf in das Heer des Lichtes einzureihen.*

Vorsicht! Religiöse Verführung . . .

Wir tun gut daran, die eindringlichen Mahnungen Jesu ernstzunehmen und zu befolgen: *„Seht zu, daß euch niemand verführe!"* (Matth. 24,4) und *„Was ich aber euch sage, das sage ich allen: Wacht!"* (Mark. 13,37). Der Herr Jesus sagt das Seinen Nachfolgern nicht ohne Grund, denn für die Zeit vor Seiner Wiederkunft ist eine zunehmende okkult-dämonische Überflutung, verbunden mit einer raffinierten, religiösen Verführung, in Aussicht gestellt:

Matthäus 24,24 und Markus 13,22 sprechen von falschen Christi und falschen Propheten, die durch okkulte Kräfte große, betrügerische Zeichen und Wunder tun und viele verführen werden. Manche werden auf betrügerische Geister und Lehren von Dämonen achten (1. Tim. 4,1). Und schließlich wird das dämonische Gefälle so groß werden, daß der große Verführer, der Antichrist, an die Öffentlichkeit tritt, *„dessen Ankunft gemäß der Wirksamkeit des Satans erfolgt, mit jeder Machttat und mit Zeichen und Wundern der Lüge*“ (2. Thess. 2,9). Offenbarung 16,13.14 macht nochmals deutlich, daß diese übernatürlichen Phänomene hier auf der Wirksamkeit unreiner Geister beruhen, *„Geister von Dämonen, die Zeichen tun*“.

Nach Gottes Ordnung leben wir gegenwärtig in einer Zeit, in der Gott uns Seinen Willen und den Weg des Heils durch Sein Wort, die Bibel, offenbart, eine Zeit des „Nicht-Sehens und Doch-Glaubens“ (Joh. 20,29; 1. Petr. 1,8). Die an den Herrn Jesus gläubig Gewordenen *„wandeln durch Glauben, nicht durch Schauen*“ (2. Kor. 5,7).

Der von Gott gelöste Mensch will jedoch erst schauen, er will Zeichen und Wunder sehen. Diesem Wunsch weiß Satan zu entsprechen, er macht sich die Bedürfnisse seiner Opfer zunutze: *Der Mensch will sehen – und der Verführer läßt sehen, und er feiert dabei großartige Erfolge.*

Auf dem Weg zum Sieg

Leider gewinnt man oft den Eindruck, daß sich die Gemeinde Jesu bereits derart an die „okkulte Welle“ dieser „letzten Tage“ gewöhnt hat, schon so abgestumpft und schläfrig geworden ist, daß sich kaum noch jemand über solche Fakten aufregt. Geschweige denn, daß jemand – was dringend erforderlich wäre – die Alarmglocken läutet, um die Gemeinden aus dem Schlaf zu rütteln.

Gläubige Christen sollten jedoch nicht angesichts der schrecklichen Realität des Okkulten und Dämonischen untätig und gleichgültig die Hände in den Schoß legen. Dort wo okkulte Mächte wirklich am Werk sind, sind sie eine Herausforderung für alle, die sich bewußt auf die Seite Gottes gestellt haben.

Es geht hier um nichts weniger als um das Wirken gottesfeindlicher Mächte, hinter denen Satan selbst als Drahtzieher und Organisator steht! Sein Ziel ist es, alle Menschen in seinem eigenen Herrschaftsgebiet, der „Finsternis“ – d. h. in Sünde und Gottesferne – gefangen zu halten, um sie schließlich ins ewige Verderben zu reißen. Diejenigen, die durch Jesus Christus aus Satans unbarmherzigen Klauen errettet worden sind, bekämpft der Teufel mit unheimlicher Wut und versucht, den Christen mit List Fußangeln zu legen, über die sie stolpern und zu Fall kommen sollen.

Deshalb ermahnte der Apostel Paulus die Gemeinde in Ephesus (das übrigens damals als ein Zentrum des Okkultismus galt!), die „Waffenrüstung Gottes“ anzuziehen (Eph. 6,10-17), damit die an Jesus Gläubigen fähig werdcn sollten, gegen die Listen Satans zu bestehen:

„Denn unser Kampf ist nicht wider Fleisch und Blut, sondern gegen die Mächte, gegen die Gewalten, gegen die Weltbeherrscher dieser Finsternis, gegen die Geister der Bosheit in der Himmelswelt.“ (Eph. 6,12)

Und Petrus ruft uns eindringlich zur Wachsamkeit und Standhaftigkeit gegenüber dem Teufel und seinen Angriffen auf (1. Petr. 5,8.9a): *„Seid nüchtern, wacht! Euer Widersacher, der Teufel, geht umher wie* *ein brüllender Löwe und sucht, wen er verschlingen könne. Dem widersteht standhaft durch den Glauben . . .*"

Es geht hier um einen Kampf, den jeder Christ mit Mut und Zuversicht ausfechten darf und soll. Er weiß, daß der Sieg über Satans listige Anläufe durch die Kraft und Macht Jesu, die er in Anspruch nehmen darf, zu erringen ist. Auch hier gilt der Ausruf: *„Gott aber sei Dank, der uns den Sieg gibt durch unseren Herrn Jesus Christus!*" (1. Kor. 15,57). Das Reich Jesu Christi und das Reich Satans sind zwei entgegengesetzte Kraftfelder, denn der Herr Jesus ist dazu erschienen, *„damit er die Werke des Teufels vernichte*" (1. Joh. 3,8)! Das Wirken Jesu und das Wirken Satans sind absolut unvereinbar – sie verhalten sich wie Feuer und Wasser. Diese Tatsache tritt immer wieder deutlich hervor:

Das Ex-Medium Victor Ernest fragte auf einer spiritistischen Sitzung (Seance) einen Geist, ob er glaube, daß Jesus Christus sein Blut für die Vergebung der Sünden vergossen habe. Der Geist warf das Medium, das vor Schmerzen schrie, von seinem Stuhl auf den Boden.

Der Weiße Magier Cruz berichtet, wie Geister ihn angriffen: „Die Geister drangen aus allen Himmelsrichtungen auf mich ein. Sie flüsterten mir zu, sie würden mir ihren Schutz entziehen und alle Macht von mir nehmen, die ich über sie gehabt hatte. Sie sagten auch, sie würden mich in dem Augenblick töten, in dem ich mich öffentlich zu Christus bekennen würde. Und sie drohten mir, alle Angehörigen umzubringen."

Der Ex-Spiritist R. Gasson mußte erfahren, daß bei seiner letzten Seance, als er erwog, mit dem Spiritismus zu brechen und sich Jesus Christus zu übergeben, sein Kontrollgeist versuchte, ihn zu würgen.

Wiederholt hat man festgestellt, daß eine Seance gestört wird oder Geister sich weigern zu erscheinen, wenn aufrichtige Christen betend in der Nähe sind.

Ebenfalls konnte man wiederholt feststellen, daß astrologische und wahrsagerische Vorhersagen nur bis zu dem Augenblick stimmten, in dem derjenige, auf den sich die Vorhersagen bezogen, Christ wurde, und danach nicht mehr!

Immer wieder entstehen Spannungen, wenn gläubige Christen an magische Heiler geraten. Das ernste Gebet des Gläubigen vermag die Kraft- und Erkenntnisquelle solcher Heiler zu blockieren. So enden solche Sitzungen oft mit Bemerkungen wie dieser: „Ich kann Ihnen nicht helfen. Sie haben einen anderen Geist als ich!“

Jesus Christus besitzt die höchste Autorität und Macht. Er ist das *„Haupt jeden Fürstentums und jeder Gewalt“* (Kol. 2,10). Wo das Reich der Finsternis mit dieser Vollmacht Jesu in Konfrontation gerät, da müssen die bösen Geister dem Stärkeren weichen. Der Herr Jesus selbst erklärt:

„Wenn der Starke (= der Satan) bewaffnet seinen Hof bewacht, so ist seine Habe in Frieden; wenn aber ein Stärkerer als er über ihn kommt und ihn besiegt, so nimmt er seine ganze Waffenrüstung weg, auf die er vertraute, und seine Beute verteilt er.“ (Luk. 11, 21.22)

„Jesus ist kommen, der starke Erlöser, bricht dem gewappneten Starken ins Haus, sprenget des Feindes befestigte Schlösser, führt die Gefangenen siegend heraus. Fühlst du den Stärkeren, Satan, du Böser? Jesus ist kommen, der starke Erlöser.“ (Ludwig Allendorf)

Der Sieger dieses Kampfes fügt den markanten Satz hinzu: *„Wer nicht mit mir ist, der ist gegen mich; und wer nicht mit mir sammelt, der zerstreut.“* (Luk. 11, 23)

Diese Worte machen deutlich, daß es gegenüber dem Wirken und Werk Jesu Christi keinen neutralen Standpunkt in Gottes Augen gibt. Untrennbar zu Seinem Werk gehört es, *„die Werke des Teufels zu vernichten“* – und der Okkultismus ist ein Teil davon.

Können wir da noch gleichgültig bleiben? Leider ist es aber sogar für solche, die ein Eigentum Jesu sind, möglich, sich in konkreten Situationen nicht auf die Seite ihres Herrn zu stellen, und sich somit – meist unbewußt – gegen Ihn zu wenden. Für einen solchen Fall ist Galater 6,7 wortwörtlich anwendbar: *„Irret euch nicht, Gott läßt sich nicht spotten! Denn was der Mensch sät, das wird er auch ernten.“*

Gilt es nicht, auch den leisesten, wenn auch nur spielerischen oder experimentellen Kontakt mit okkulter Geistermacht zu vermeiden? Bereits die Lektüre okkulter Literatur kann in den Bannkreis dieser Mächte führen, und bemerkenswert ist die Beobachtung, daß „Reichsgottesarbeiter“, die gefährliche Zauberbücher wie das 6. und 7. Buch Mose im Bücherschrank aufbewahren und lesen, gewöhnlich eine geistlich tote Gemeinde haben.

Gegenüber diesem leichtsinnigen Umgang mit dem Bösen heißt es in der Bibel klar und deutlich: *„Die Furcht des HERRN ist eine Quelle des Lebens; man meidet durch sie die Stricke des Todes“* (Spr. 14,27), *„und durch die Furcht des HERRN weicht man vom Bösen“* (16,6). *„Die Bahn der Redlichen bleibt vom Bösen fern; denn wer seine Seele hütet, gibt acht auf seinen Weg“* (16,17).

Die Furcht des HERRN bedeutet ehrfurchtvolles Vertrauen zu Ihm, das den Haß des Bösen einschließt.

Wenn wir Schallplatten mit *okkulten, gotteslästerlichen* und *schmutzigen Inhalten* konsumieren – ist das nicht eine klare Beleidigung Gottes?! Welche Ernte haben wir dann zu erwarten?

Für jeden gläubigen Christen gilt es, sein ganzes Leben im Lichte von Gottes Wort zu beurteilen, die *„Werke der Finsternis abzulegen und die Waffen des Lichts anzuziehen“* (Römer 13,12). Was solltest Du jetzt tun, wenn Du im Bann der Rockmusik „in Diensten Satans“ stehst? Walter Kohli zeigt in seinem hilfreichen Buch „Rock-Musik und christliche Lebenshaltung“ den Weg der Befreiung auf:

„Zur Zeit der Apostel wurden kostspielige Zauberbücher verbrannt (Apg. 19,19). Genauso müssen heute Gefangene der Rock-Musik ihre Schallplatten mit okkultem, gotteslästerlichem und schmutzigem Inhalt vernichten, wenn das Wort des Herrn mächtig in ihnen wachsen und die Oberhand gewinnen will (Apg. 19,20). Man kann sich nicht absichtlich und fortwährend gottlosen Einflüssen aussetzen und daneben lebendige Gemeinschaft mit Gott pflegen.“[6]

Aus welchem Grund vernichteten viele der gläubig gewordenen Epheser ihre Zauberbücher? Aus Furcht vor der Macht Satans und der Bedrohung durch die bösen Geister? Nein! Die Geretteten waren von der Macht und Herrlichkeit Jesu und Seiner Autorität über die Mächte der Finsternis so überwältigt, daß sie von der Ehrfurcht, der Liebe und Hingabe zu ihrem Herrn und Retter getrieben wurden.

Folge 1: *„Furcht fiel auf sie alle und der Name des Herrn Jesus wurde erhoben.“* (Apg. 19,17)

Folge 2: *„Viele aber von denen, die gläubig geworden waren, kamen und bekannten und gestanden ihre Taten.“* (V. 18)

Folge 3: *Auf die Bekehrung und das Bekennen der Sünden folgten die notwendigen Taten: Ganz konsequent vernichteten viele ihre okkulte Literatur – sie verkauften diese nicht etwa!* (V. 19)

Sie scheuten dabei keine finanziellen Opfer: Der Wert der verbrannten Zauberbücher betrug 50.000 Silberdrachmen. Wenn wir zugrundelegen, daß der Tageslohn eines Arbeiters nach Matthäus 20,2ff ein Denar (= 1 Drachme) betrug, so hätte man mit diesem Geld 160 Arbeiter für ein ganzes Jahr bezahlen können! – Wie sieht es mit unserer Opferbereitschaft aus?

Wir müssen uns klar vor Augen halten, daß *„Gott Licht ist und gar keine Finsternis in ihm ist*” (1. Joh. 1,5)! Er ist absolut heilig und duldet in Seiner Gemeinschaft keinerlei Sünde. 1. Johannes 1,6: *„Wenn wir* *sagen, daß wir Gemeinschaft mit ihm haben und wandeln in der Finsternis, lügen wir und tun nicht die Wahrheit.*" Jeder aber, der ein Eigentum Jesu ist, steht in der frohen Gewißheit: „*Wenn wir unsere Sünden bekennen, ist er treu und gerecht, daß er uns die Sünden vergibt und uns reinigt von jeder Ungerechtigkeit.*" (V. 9)

Gott legte einst dem Volk Israel die alles entscheidende Wahl vor:

„*Ich nehme heute Himmel und Erde wider euch zu Zeugen: Ich habe euch Leben und Tod, Segen und Fluch vorgelegt; so erwähle nun das Leben, auf daß du lebest, . . .indem du den HERRN, deinen Gott, liebst, seiner Stimme gehorchst und ihm anhangst; denn das ist dein Leben . . .*" (5. Mose 30,19.20a).

WIE HABEN WIR UNS ENTSCHIEDEN?

Hervorhebungen (Kursivschrift) in den Zitaten erfolgten durch den Verfasser.

Die angegebenen Bibelstellen wurden nach der Revidierten Elberfelder Übersetzung (NT+Psalmen), und nach der Schlachter–Übersetzung (AT) zitiert.

Anmerkungen

Kapitel 1:

1. Siegfried Schmidt-Joos, Barry Graves: „Rock-Lexikon“, Rowohlt Taschenbuch Verlag, Reinbek bei Hamburg, aktualisierte und erweiterte Auflage 1975, S. 54.
2. Tibor Kneif (Hrsg.): „Rock in den 70ern“, Rowohlt Taschenbuch Verlag, Reinbek bei Hamburg 1980, S. 114.
3. „Rock & Schwarze Magie“ Teil III, erschienen in: „Spotlight“ 12/1978, S. 11.
4. „Circus“, Dezember 1971, S. 46.
5. ibid., 22. April 1976, S. 35.
6. „Hit Parader“, Februar 1978, S. 24.
7. Übersetzung der Texte aus dem Englischen vom Verfasser.
8. vgl. 2. Korinther 11, 14. 15
9. „Rolling Stone“, 28. Oktober 1971, S. 41.
10. Bob Larson: „The Day Music Died“, Bob Larson Ministries, Denver/Colorado, 6. Aufl. 1978, S. 83.
11. „Metal Hammer“, 2/1984, S. 62.
12. Jacob Aranza: „Backward Masking Unmasked“, Huntington House Inc., Shreveport/Louisiana 1983, S. 69.
13. „Bravo“, 6. Oktober 1983.
14. „Newsweek“, 21. November 1983, S. 48.
15. Hans-Jürgen Trabert in „Punkt“ 10/1981, S. 28.
16. „Metal Hammer“ 1/1984, S. 25.

Kapitel 2:

1. Horst Knaut: „Das Testament des Bösen“, Seewald Verlag, Stuttgart 1979, S. 135.
2. „Hit Parader“, Juli 1975, S. 64.
3. Jacob Aranza, a.a.O., S. 12; John Rockwell: „Trommelfeuer“, Verlag Schulte + Gerth, Aßlar 1983, S. 68.
4. Jacob Aranza, a.a.O., S. 7.
5. Siegfried Schmidt-Joos: „Sympathy For The Devil. Aleister Crowley, Kenneth Anger und die Folgen“, veröffentlicht in: J. Gülden, K. Humann (Hrsg.): „Rock Session 1“, Rowohlt Taschenbuch Verlag, Reinbek bei Hamburg 1977, S. 10.
6. „Rolling Stone“, 19. August 1971.
7. Tony Sanchez: „Die Rolling Stones“, Moewig Verlag, München 1980, S. 132.
8. „Rolling Stone“, 19. August 1971; zitiert bei Tony Sanchez, a.a.O., S. 154 f.
9. Bob Larson: „Rock“, Tyndale House Publishers, Wheaton/Illinois 1980, S. 44.
10. „Rolling Stone“, 5. Mai 1977, S. 55.
11. Tony Sanchez, a.a.O., S. 13.
12. Siegfried Schmidt-Joos, a.a.O., S. 13.
13. Tony Sanchez, a.a.O., S. 196.
14. ibid.
15. ibid., S.196 + 198
16. Siegfried Schmidt-Joos, a.a.O., S. 17.
17. ibid., S. 17 f.
18. ibid., S. 18.

Kapitel 3:

1. Richard Kriese: „Okkultismus im Angriff", Hänssler-Verlag, Neuh.-Stuttgart, 1976, S. 14.
2. Os Guinness: „Asche des Abendlandes", Hänssler-Verlag, Neuh.-Stuttgart, 1976, S. 266.
3. Ortwin Schweitzer: „Beweise mir Gott!"; Hänssler-Verlag, Neuh.-Stuttgart, 1978, S. 9 f.
4. Römer 1,19
5. Römer 1,20
6. Römer 1,21
7. Psalm 14,1
8. Hebräer 11,1
9. Hebräer 11,3
10. Hebräer 11,6
11. Römer 3,22b.23
12. Römer 6,23a
13. 2. Korinther 6,14b
14. 1. Timotheus 2,4
15. Apostelgeschichte 17,30b
16. Lukas 23,41a
17. Römer 3,22b-24
18. Römer 6,23
19. 2. Korinther 5,15
20. Johannes 8,44
21. Horst E. Miers: „Lexikon des Geheimwissens", Grenzwissenschaften, Wilhelm Goldmann Verlag, 4. Aufl. 1981, S. 300
22. Helge Stadelmann: „Das Okkulte", Brunnen Verlag, Gießen 1981, S. 3 f.
23. Merrill F. Unger: „Bibel Aktuell Band 7 – Christsein heute", Verlag Hermann Schulte. Wetzlar 1974, S. 84.
24. 5. Mose 18,9-14 (Revidierte Lutherbibel)

25. Horst E. Miers, a.a.O., S. 264.
26. Es muß allerdings betont werden, daß die unter 1. und 2. aufgezählten Phänomene nicht nur durch okkulte Einflüsse, sondern prinzipiell auch durch andere Faktoren verursacht und begünstigt werden können.

Kapitel 4:

1. „Music-Scene – Suisse/Schweiz", Nr. 19, Februar 1981, S. 77.
2. „Circus", April 1972, S. 38.
3. „Rock & Schwarze Magie" Teil I, erschienen in: „Spotlight" 10/1978, S. 12.
4. „Hit Parader", November 1968, S. 38.
5. „Time", 11. September 1978.
6. John Rockwell, a.a.O., S. 78.
7. „Circus", 22. Dezember 1977, S. 12.
8. Bob Larson: „The Day Music Died", a.a.O., S. 181 f.
9. Bob Larson: „Rock", a.a.O., S. 135.
10. Siegfried Schmidt-Joos, a.a.O., S. 11.
11. „Rolling Stone", 16. März 1972, S. 32.
12. S. Schmidt-Joos, B. Graves: „Rock-Lexikon", a.a.O., S. 357.
13. „Pop" Nr. 23, 1976.
14. Guinness Book of World Records, Sterling Publishing Co., 1965, S. 181-183.
15. S. Schmidt-Joos, B. Graves: „Rock-Lexikon", a.a.O., S. 46.
16. „Rolling Stone", 19. März 1970, S. 10.
17. Pierre Granini: „Es ist gefährlich, die Geister zu verwirren. Das magische Weltbild der Can", veröffentlicht in: J. Gülden, K. Humann (Hrsg.): „Rock Session 1", a.a.O., S. 3-9.

Kapitel 5:

1. „Time“, 15. August 1975, S. 4.
2. Jacob Aranza, a.a.O., S. 18 f.
3. „Waco Tribune-Herald“, 28. Februar 1982.
4. John Rockwell, a.a.O., S. 76.
5. „Circus“, 16. August 1976, S. 30.
6. ibid., 30. April 1981, S. 45 f.
7. ibid., 22. Juni 1978, S. 15.
8. „Rolling Stone“, 25. März 1976, S. 9.
9. ibid., 7. April 1977, S. 49.
10. Bob Larson: „Rock“, a.a.O. S. 133.
11. Zwei weitere Versionen lauten: „Kids In Satanic Service“ und „Knights In Satanic Service“.
12. „Hit Parader“, Herbst 1982, S. 27.
13. Richard Kriese, a.a.O., S. 21.

Kapitel 6:

1. T. Kneif: „Rock in den 70ern“, a.a.O., S. 112.
2. ibid., S. 113.
3. „Metal Hammer“ 4/1984, S. 7.
4. ibid., 2/1984, S. 10.
5. ibid., 1/1984, S. 15.
6. „Desaster“ Nr. 6/7, Juli 1984, S. 16.
7. ibid., Nr. 1/2, Februar 1984, S. 12.
8. „Diagnosen“ 10/1983, S. 81. Eine andere Version lautet: AC/DC = „Antichrist/Devil Cooperation“.
9. Hans-Jürgen Trabert in: COGO, Nr. 27, Juli/August 1980, S. 11.
10. „Metal Hammer“ 4/1984, S. 62.

Kapitel 7:

1. John Rockwell, a.a.O., S. 40.
2. „Rolling Stone“, 26. Oktober 1972, S. 12.
3. „Life“, 3. Oktober 1969, S. 74.

Kapitel 8:

1. Werner F. Bonin: „Lexikon der Parapsychologie und ihrer Grenzgebiete“, Scherz-Verlag, Bern und München 1976, S. 351.
2. Dave Hunt: „The Psychic War“, unveröffentlichtes Manuskript, S. 190; zitiert bei: Samuel Pfeifer: „Gesundheit um jeden Preis?“, Brunnen Verlag, Basel 1980, S. 105.
3. Werner F. Bonin, a.a.O., S. 498.
4. Gerhard Bergmann: „. . .und es gibt doch ein Jenseits“, Schriftenmissionsverlag Gladbeck, 3. Aufl. 1976, S. 199.
5. Siegener Zeitung vom 29. März 1982.
6. Joost A.M. Meerloo: „Rhythmus und Ekstase“, Forum-Verlag, Wien 1959, S. 124.
7. Larson: „The Day Music Died“, a.a.O., S. 183.
8. Encyclopaedia Britannica, Vol. 7, 1965, S. 39.
9. „Rock & Schwarze Magie“ Teil I, a.a.O., S. 13.
10. Larson: „The Day Music Died“, a.a.O., S. 184.

Kapitel 9:

1. Friedrich W. Doucet: „Geschichte der Geheimwissenschaften“, Wilhelm Heyne Verlag, München 1982, S. 42.
2. Helge Stadelmann, a.a.O., S. 3.
3. Os Guinness, a.a.O., S. 264.
4. Richard Kriese, a.a.O., S. 24.
5. Peter Beyerhaus: „Die okkulte Welle“, Missionsverlag der Ev.-Luth. Gebetsgemeinschaften e.V., Bielefeld 1979.
6. Walter Kohli: „Rock-Musik und christliche Lebenshaltung“, Das Haus der Bibel, Zürich/Basel/Genf 1981, S. 70.

Wolfgang Bühne
Ruhe der Rastlosen

TELOS-Taschenbuch
128 Seiten DM/sfr. 2.80

Rastlos, umhergetrieben von der Frage nach dem Sinn des Lebens und enttäuscht von den Lebensphilosophien unserer Zeit, erleben vier »Aussteiger« den rettenden Einstieg:
Alois, der als Gammler dem Ende des Regenbogens bis Mexico nachlief und der mit den »Heiligen Pilzen« von Huautla eine Erfahrung besonderer Art machte;
Hildegard, die zornerfüllt einen Rachefeldzug startete, um der Männerwelt alle erlittenen Demütigungen heimzuzahlen;
Alfons, der Mann, der selbst noch bei seinen Selbstmordversuchen »Glück« hatte und schließlich alle ungelösten Lebensfragen mit Unmengen von Alkohol und Drogen betäubte;
Gabi, die bereits als Kind ausstieg, um »frei« zu werden, jedoch vom Abenteuer »Liebe« bald ernüchtert, Zuflucht bei LSD und anderen Drogen suchte,
sie alle fanden Ruhe und Frieden bei dem, der sie allen »Mühseligen und Beladenen« anbietet.